吳信義著

文學叢刊

所見 所聞 所思 所感

——健群小品

文史哲出版社印行

國家圖書館出版品預行編目資料

所見 所聞 所思 所感：健群小品 / 吳信義著. --
初版 -- 臺北市：文史哲, 民 103.09
頁; 公分（文學叢刊；334）
ISBN 978-986-314-208-9（平裝）

855 103017207

文學叢刊 334

所見 所聞 所思 所感
—健群小品

著者：吳信義
出版者：文史哲出版社
http://www.lapen.com.tw
e-mail：lapen@ms74.hinet.net
登記證字號：行政院新聞局版臺業字五三三七號
發行人：彭正雄
發行所：文史哲出版社
印刷者：文史哲出版社
臺北市羅斯福路一段七十二巷四號
郵政劃撥帳號：一六一八〇一七五
電話886-2-23511028 · 傳真886-2-23965656

定價新臺幣四八〇元

中華民國一〇三年（2014）九月初版

ISBN 978-986-314-208-9 09334

所見 所聞 所思 所感

——健群小品

目次

王序

有緣認識信義君，早在二十幾年前，參加每月一次健康長壽早餐會上。他在民國七十五年就是會員，算來他比我早入會兩、三年，每次電話中呼稱為兄，總是說不敢當，這就是他謙虛做人處事的態度。記得民國九十年我從陶滌亞先生手中接任中國全民民主統一會會長，經由早餐會余教授推薦，請他擔任秘書長，他卻婉詞說讓我考慮，到了兩個月後才允諾，就這樣十幾年來全心全力協助全統會事務，如每年定期的會員代表大會、年會等籌備會及參加政治團體會議，多次參與港、澳、廈門兩岸論壇，陪同受邀前往大陸開會、參訪活動事宜，介紹理念相同志士入會等，協助甚多。

平時常閱讀他 E-mail 來的生活隨筆，如今喜見他要出版「健群小品」一書，身為會長當義不容辭允諾寫序，僅就十幾年來對他的認識瞭解，介紹之。

一、平易近人，謙虛待人：在許多場合遇見他，臉上總是掛著笑容，從他身上散發著一股親和力，無形中感染著週遭人。全統會每逢開會，對長者及會員的招呼，無微不至，往往讓他們有賓至如歸的溫馨，這就是他建立了良好人脈的原因，個性開朗豁達，樂觀進取，能灑脫、想得開、放得下，凡事能隨緣，不與人爭、不與人計較，這是他優質的特點。

二、終身學習，勤於寫作：退休後生活多采多姿，除了皈依星雲大師，虔誠學佛，對身心靈的禪修精進，不遺餘力。如十幾年來每年都回到佛光山，參加全國教師生命研習營及暑期佛學夏令營，平時誠心接觸佛法，且能身體力行，誠屬難得。經常聆聽法師「善知識」的演講，將日常所見、所想、所感，融入文字，看了他寫的小品文，讓人耳目一新，除能消除煩惱，亦從中了悟，如何超越自我、看淡名利、了脫生死、如何放下、正向思考、樂觀開朗，邁向積極的人生。這些都是佛學圓融的智慧，讓人心境有如沐浴春風的幸福與快樂。

三、勤於運動，持之以恆：生活規律，早睡早起，他一直在母校復興崗擔任隊職十多年，朝夕與學生一起，後來轉教職八年，依然養成很好生活習慣，臺大退休後，參加登山會，他說持續健走運動二、三十年，早起黃昏各一個多小時，從年輕到現在，能保持苗條身材，誠然不易。

欣見信義君「所見、所聞、所思、所感——健群小品」。即將出書，個人有幸蒙邀，樂以爲序！

中國全民民主統一會會長　王化榛

王序——值得按讚的一本書

信義同學在大學期間雖與我不同班，但因他個性開朗、隨緣，因此學生時代我們常有機會交談；記憶中那時他曾到過我萬華的老家。學校畢業後我們一度分散各處，較少聯繫，直到民國六十四年我研究所畢業後留校任教，我們或因教學相互請益而有機會面敘。在母校任教十三年後我調大直的三軍大學（後改制成國防大學），當時也在母校政研所兼課，所以我們仍保持聯絡。

在我印象中信義同學無論儀表、才華、談吐、人緣都是出類拔萃者。若從軍人特質看，我覺得信義同學實具有將帥特質，因此我也曾激勵他更上一層樓，必要時應當仁不讓的到部隊歷練，以免讓自己的優秀條件留校過久而「生銹」。我的希望是：他肩上的三朵梅花轉成一顆金星。只是人各有志，他選擇教育爲終生志業。我只能感慨：可惜。

過去我對信義同學的內涵認識，大多僅從言談交往，較少從文字閱讀。直到他接掌本期同學部落格後，才從此轉進他的網路領域，而有機會拜讀他作品，從而發現他的另類的才華。以下我簡述自己的閱讀他的隨筆心得：

一、有願就有力。信義同學曾向我透露：他決心完成二百篇隨筆短文，然後出專書讓親友同學分享。如今真的大功告成，實令驚喜。證嚴法師說：有願就有力。他雖早已退休，卻身兼數個義職；依我的感覺，光是負責同學的部落格的版面，就得耗費許多時間與心力（他承認每天花在電腦的時間超過七小時），而在百忙中他還能每周至少完成一篇短文，更是令人佩服。記得今年（一〇三年）六月十日我們一起應邀到廈門參加河洛文化研討會時，我看坐在一旁的他還勤做筆記，顯示他無論何時何地都在草擬文章，樂此不疲。

二、意到筆到，深入淺出。以我個人角度看，文學上能讓我印象深刻作品大都除了經典的小說外。我還喜歡閱讀中外名家的隨言筆記，如中國明清時的袁枚的「隨園詩話」，紀曉嵐的「閱微草堂筆記」。歐美文人隨筆作品也讓人百讀不厭，如英國的培根（F.Bacon1561-1626）的「培根全集」，吉辛（George Gissing 1857-1903）的「四季隨筆」，美國的梭羅（Henry D. Thoreaus 1817-1862）的「湖濱散記」等等。這些作品的特色是長短不拘，作者也許當時觸景生情，隨手筆記，但因流露真情，雖時空轉換，今日讀來依然觸動心靈。我認爲信義的作品也有類似特色；雖然也有文以載道，但卻深入淺出，尤其常夾以風趣幽默，讀起來輕鬆卻不失嚴肅。

三、言簡意賅，真情流露。在資訊爆炸的時代，大多數人較不喜看長篇大論的文章。信義每篇短文的題目很吸引人，文字又不多，故看到後想不讀下去也難。譬如「姐弟情深——常相聚」與「粽飄香——姐弟情深」，以及其他與親情的內容都令我有感同身受；因爲家父亦警察出身，我也是生長在八個兄弟姊妹的家庭中。紀曉嵐說：凡爭產者，必同父之子。在現今台灣社會新聞中，常看到兄弟鬩牆，爭訟不斷，甚至暴力相向，不外乎因財產。信義一家手足能和諧到老，想來與那位姐代母職的的大姐所付出的愛與犧牲有關。

另外，由於我們的年齡都屆七十，無論過往起落如何，是非成敗已轉成煙雲，心境已回歸「看山還是山，看水還是水」，昔日的恩怨情仇都當沉澱或轉念。這點在信義的兩篇談生命的貴人的短文已表露無遺。

唐朝詩人杜甫詩：文章千古事，得失寸心知。文章的好壞得失，自己最清楚；別人的評斷，只是依據個人價值觀。但我記得一位名作家說：一件作品必須先能感動自己，才能感動別人。信義同學除上課外，常有機會去外面演講。通常演講者爲抓住聽眾注意或感動心靈，會在演講過程「福至心靈」的產生自己的思想或創意，這些思想與創意，若能及時統合組織，就可成爲文章的好素材。胡適說：「要使你所得印象變成你自己的，最有效的法子是紀錄或表現成文章」。我想信義同學的作品應該有類似的因素。換言之，若能將感動人的思想轉成文字，自然也能感動閱讀者。

以上是我對閱讀信義的文章後的一些粗淺看法；無論如何對他勇於出書我由衷佩服；畢竟處在網路盛行的年代今日，當出版業進入大蕭條時期（台北市重慶南路的書店已關閉大半），信義同學敢於出書，光是這點，都值得我按讚。

王榮川教授

王序

同窗老友 信義兄要將他近年來發表在「部落格」上的文字結集出版，這是一樁相當難能可貴的大事。

古云：「文如其人」。意指好的文章多具有感染力、穿透性，讓我們在閱讀的過程中，始終有著讀其文如見其人的真實感，而不禁要爲他豐沛的生命度量和情誼感到喝采。拜讀信義兄的百餘篇大作之後，我有三點感想，樂於提出來跟老友們分享。

首先，信義兄的文字有著「話家常」的特色。「話家常」，看似容易實則難。因爲它需要具有豐富的人生閱歷、加上有如陽光般燦爛熱情的生命態度做基礎，才能從日常生活周遭的故事之中，去捕捉那如靈光乍現般的素材，一一舖陳，言之有物，進而說出一番有同理心與切身感的家常話。

其次，信義兄的文字讓人有著「說到心坎裏」的快意。他的敏銳洞察，微言大義，生動有趣地勾勒出老同學們舊時的回憶。「意難忘」是他筆觸中最爲真摯感人的地方。雖然，都已是走過半個世紀的風雨情，卻因爲他真實的紀錄，讓我們在「重逢」的喜悅中，將彼此的心更緊密地牽連了起來。

此外，我認爲　信義兄的文字更有著「情義深長」的內涵與氣度。在百餘篇文章中，雖然看似無所不談，如親情、友情、愛情；無所不論，如家事、國事、天下事。可是，若仔細品論箇中的況味，「情義深長」四個字，適足以代表他的原始初衷和真心實意。「有情歲月有情天」，一個有情有義之人，是値得信賴和珍惜的。

「事到有緣皆有味」，期待信義兄新書的早日出版，也樂見有更多老友因他的「諄諄善誘」而同享「幽默的人生」。

是爲序。

王漢國　寫於墨緣軒
二〇一四、七、二〇

邱序

最親愛的好同學：

生活在平凡中度過，歲月在靜謐中流逝，人生卻是一場盛大的遇見；我和信義雖然在五十年前就已是同學的關係了，但真正有接觸比較有互動，還是蒙華淼會長成立舞蹈班之賜，尤其在舞蹈教室裡，一切都是那麼的理所當然，在愉悅愜意的氛圍裡，更能自然深切的了解大夥彼此毫不做作的真性情。

算算也不過是一年多的時光，在這不算長的相處日子裡，我們卻成了無話不談的好朋友，這才真正發現與我耳聞中的他相去甚遠，熱誠、開朗、溫柔、平易近人、親切、隨和、樂於助人、組織能力強……這是我認識的信義。

某日在舞蹈班休息時間閒聊時，提到他的『健群小品』，這是他在日常生活中的感悟小語，說是如能集結成兩百篇，就可以編印成冊，贈送給好同學、好朋友們分享，當時我除了十分的感佩外並大力鼓掌替他加油打氣，樂觀其成並祝他理想早日成真；因爲我早已是他的忠實讀者了。

有夢最美築夢踏實，無論你的年齡層，只要有心就不難完成自己的心願的，他的有心用心，每每在他的文章中發現，那不是昨日相談的些許內容嗎？在他的妙筆下，成了一篇篇動人的生活哲學。不是說：天下無難事，只怕有心人嗎？信義就是最佳典範！

也許是我給的掌聲太響了，如今才會被要求爲『健群小品』寫序吧！我！我耶！我何德何能？如何能爲他人寫文爲序啊！OMG！

與信義溝通了千百回，他都不爲所動，執意要請我爲他寫序，他說：如能應允爲文就很開心了，而不在意字數多寡與文章內容。心想，只要寫一篇短文就能讓好朋友很開心，何樂而不爲呢！

於是乎，就把我的處女序，獻給我最親愛的好同學——信義！

邱麗霞　二〇一四、七、一二

陳序

「健群小品」著者吳弟信義君，舉止瀟灑，才氣橫溢，政戰學校第十四期政治系畢業，於該校研究班擔任六大戰教學期間，好學不倦，由學校推薦前往師大三民主義研究所在職進修，後甄試考取軍訓教官，分發到臺大擔任主任，大半軍旅奉獻教育，卓有成就。

我承舊屬俊歌之推介，有幸結識信義，由於我遠自二〇〇一年十一月起，應邀在臺大教聯會和退聯會演講各類型主題多次，遂與福成、信義和俊歌等多位臺大前主任教官互動密切，尤其信義自臺大主任教官退休後，一直和我過從甚密，二〇一二年七月，我駕車赴南投演講，他主動陪我前往助勢，豪俠之氣，勝於言表，行前更荷蒙黃主任開森將軍為我加油打氣，尤使我受寵若驚。信義除亦鍾愛演講外，並認真習舞和電腦資訊，且經營三個部落格，經常穿梭兩岸，為全民民主和平統一而效力。近兩年多來，他每週都在部落格中發表幽默小品，簡短有力，生動活潑，我都搶先瀏覽，咸以一睹為快。

談到小品文學，讓我不由得想到梁實秋、星雲大師、王鼎鈞和邱吉爾等四位。梁大師的雅舍小品，膾炙人口，享譽數十年。星雲大師談處世，宏法濟世。王鼎鈞著作等身，探討人生，林林總總。這些都和健群小品具有異曲同工之妙。

信義一生，善良仁慈，開朗樂觀，爲善積德，不遺餘力，經常回山拜謁佛光聖地，尊仰打坐，言行一致，眾所皆知。從他的小品中，常發現有睿智之語，獨到見解令人省思。他創造的精彩人生，當有他塑造的真理。

英國的邱吉爾，出身皇家桑德赫斯特軍事學院，畢生未受軍事之外的教育，堪稱一介武夫，但其卓越表現，深值吾輩軍人注視與效法。他早年於印度英軍中任記者，二戰中英國戰時領袖，具戰略、雄辯、文學、繪畫等天賦奇才，以「二次大戰回憶錄」於一九五三年獲諾貝爾文學獎。

回憶一九九六年台海發生所謂飛彈危機之後，遠東地區各國紛紛籌建反飛彈機制（Theatre MSL Defence），定中鑒於早年在美曾接受飛毛腿、勝利女神力士和鷹式等飛彈教育，更於一九七五—七七年間總統府。交際科長身份隨嚴總統靜公三次參與台北扶輪社例會，遂因緣際會、自然地投入政令宣導演講陣營，南北奔波於各扶輪社及軍政院校社會等諸單位。政戰學校韋校長家慶將軍、王副校長漢國博士，亦邀定中至該校軍官團專題演講，講題爲「戰區飛彈防禦系統之建構」，此乃定中此生與政戰將校學術交流之伊始，嘗引以爲傲，復於一九八二年九月夥同總政戰部政四處呂處長孟顯，以民間身份，出席倫敦國際戰略研究所主辦之「英阿福克蘭群島戰爭檢討會」。

信義弟近期要出一本書，名爲「所見、所聞、所思、所感」隨筆——健群小品，囑我爲該書寫序，這次又要我深思熟慮、花點心力點綴了。談到寫序，我已有兩次經驗。一九九七年四月，出任台灣時報總主筆多年的老友蘇進強君，出版了一本「做個快樂大兵」的書，邀我與時任台北市的阿扁市長各署名寫了序文此其一。二○○四年七月，國防大學中正理工學院教授劉恒垣博士，爲陸總撰寫了一本皇皇鉅著——兵役學，我爲主審官，歷經三年，開會多次，該書序文只我一人署名落款，身爲全國性內政部役政司長，責無旁貸，實義不容辭，此其二。此次信義君邀寫序文，乃定中此生第三次扮演序文撰寫人的角色，榮寵感受，肺腑難訴。竊以爲本書之問世，必將受到有關部門與國人的重視，願本書能廣爲流傳，普受垂愛，值茲全書付梓問世之際，欣見信義君事業、撰著雙雙有成，感佩無已，故樂爲之序。

前內政部役政司長　**陳定中將軍**

爲信義學長出版第一本書喝彩

——兼說我和師兄的人生奇緣

信義師兄要出版人生的第一本書，我完全可以同理心的感覺出，他的喜悅和興奮，因爲二十年前我出版的第一本書《決戰閏八月：中共武力犯台研究》一書，那種「味道」和「情緒」至今尚在，有時還夯得不得了！我認識師兄其實不過近十年的事，但那種感覺就好像認識了五十年，或像小時後穿同一條褲子長大的兄弟，通常當小弟的都是穿兄長的舊褲子，這種感覺像啥？說不上來，只能說是奇緣，這奇緣要從我來台灣讀大學說起！來臺大並非我生涯中的選項，身爲陸軍官校出身的職業軍人，被教育要當「名將」，要率大軍反攻大陸，解救同胞。而我，也真得乖乖的，天真的，爲此一理想堅持了將近三十年，直到最後沒機會了，才來臺大當教官等退伍，一生堅持的理想，竟「如夢幻泡影，如露亦如電」，引「金剛經」語。從臺大退休（伍）後，我另一位很熱心的師兄—俊哥（吳元俊，臺大主任教官退。），在他的積極安排下，我和信義兄都被他拉去參加臺大的退聯會，登山會，聯合辦公室志工。在進而，被他拉去皈依佛光山 星雲大師座下，參加佛光山 每年的佛學夏令營，也成爲佛光山台北教師分會會員。多年來信義，俊歌和我都一起參加各項活動，包含近兩年的「全統會」活動。我們三人儼然是人生道上的同行者，同路人，我們是同一掛的！二〇一〇年十月，我山西芮城的好友，劉焦智先生邀我去參訪，我想一人孤單，當然要和最好的兄弟同行，我乃邀信義和俊歌同行參訪。次年九月二度到芮城，留下許多珍貴美好的回憶。以上略說我和信義師兄的因由緣起，接下來要說的是，我心中信義師兄的形像，我所認識的兄長吳信義。師兄是政戰十四期，我是陸官四十四期（同政戰廿一期），師兄長我七期。另外，我是政戰正研所七十七年畢業，又多一項同是政戰校友之誼。我總叫他師兄，學長，老大哥。他總是福成，福成的叫我！我對師兄最深刻的感受有五：

第一：師兄的笑話最多，很會講笑話，何種場合講何種笑話，師兄都能把握得宜。任何時候和師兄在一起，都能感受到快樂的氣氛，他常說：給人快樂就是修行。他總用他的方式，帶給身邊的人快樂。

第二：師兄的口頭禪還有慈悲沒有敵人，智慧不起煩惱。他也常以這種心態和朋友們共勉。和師兄相處久了，常聽他這樣說：真的耳濡目染，不學以能。

第三：身段柔軟，平等心，同理心，這三則是師兄很明顯的特質，尤其人有了不小的「官階」後，絕大多數「身段就不一樣了」。師兄是我所見職業軍人，退伍後最能放下身段，最有同理心、平等心的人。

第四：勤於學習和寫作，從多年前開始學國標舞到近幾年來練習寫作，說寫就寫，這須要恆心和毅力，我自己寫一輩子，深知持之以恆的不容易，但師兄做到了。

第五：爲人設想和服務的精神，因爲有這樣的特質，師兄在很多團體都很有號召力，例如擔任「全統會」秘書長、在國標舞班、政戰校友、臺大志工和退聯會等，師兄隨便一垃，就能拉一大遊覽車去到處玩。

認識信義師兄是我的福氣，從他的行誼讓我學到更多，讓我有所得。孔子有「友直、友諒、友多聞」的警惕，佛陀有「與智者交」的開示。所以，我去大陸定要拉著老哥同行，和他在一起有很多快樂。接下來，我想談談師兄的人生第一本書。

師兄這本書，可以說是他人生數十年經驗，觀察的精華，是從日常生活提煉出來的「晶品」，每回完成一篇，師兄就會傳給眾好友看。例如第一五二篇，「談婆媳關係在現代的蛻變」。價值觀和權力的「掌控者」完全顛倒了，這是無常，也是對現代價值的反思。

第一六九篇講到，「有智慧就可以做出明快的抉擇」，「智慧」是我和師兄相處時，最常聽到他使用的語彙，包含他常說的「智慧不起煩惱」。確實我未見師兄煩惱甚麼？和他在一起只有快樂！

第一七零篇是很有啓示性的「晶品」。師兄從香蕉，竹子，鮭魚等物種的生命歷程，看到一代代的生長—死亡—又新生的輪迴過程，引領讀者深刻觀察一種自然現象，也告訴我們，要置死生於度外。在第一七一篇裡，師兄回憶民國五十三年高中畢業進軍校，因母早逝，姊代母職，常到姊夫家吃粽子，散發親情的芳香，而更多的是對人有啓蒙，頓悟的金玉良言。而最近一篇—人老了指望誰？—給人很達觀的感覺，其中有幾句：命是爸媽給的，珍惜點。路是自己走的，小心點。配偶是自找的，忍著點。朋友是相互的，幫著點。幸福是感知的，看開點。煩惱是自找的，健忘點。心態是練就的，平和點。有情是培養的，純潔點。成功是付出的，努力點。失敗是難免的，寬心點。某些網路流傳的小品，師兄也E-mail 給我看，例如：一位老人的忠告。「有一首詩：長江後浪推前浪，世間新人趕舊人。攢下黃金幾百斗，臨死不能帶分文。爭名奪利幾十載，一縷輕煙化灰塵。

這樣有意義的詩句，有啓示性，如醍醐灌頂的「灌」入你腦袋，你豈能無感乎？師兄終於要出版人生第一本書，這是他一生的智慧感言，當他的智慧之語，「灌」入更多讀者腦袋中，定會發生更奇妙的作用。我爲師兄的新書喝彩，爲將可能發生的作用喝彩！（台北公館蟾蜍山萬勝草堂主人陳福成草於二〇一四年七月四日。）

臺灣大學退休退聯會理事長　**陳福成**

黃序——平凡中的智者

我和信義兄在復興崗同窗四年，民國六十一年又先後回學校服務，由於他的知能豐富，又平易近人，所以，我經常和他討論爲人處事方面的實務與經驗。以我對他的瞭解，他對國家的信仰，忠貞不二，品德修爲，足資同儕表率，對事務處理，具有強烈的責任感，人際關係，人多稱讚，對事情看法，頗有獨到見解，恪守人倫綱常不逾矩，學術論道，足爲人師，平凡・自然・豁達是他給人的第一印象。

信義兄半年前即預告，將彙整兩百篇《隨筆》大作，定名爲「所見、所聞、所思、所感」——健群小品，希望我贊助寫序。錦璋不揣愚拙，就其大作，以《平凡中的智者》，爲題，找尋他如何將其思想精髓，投射到人間光與熱的過程，累表如后：

一、一本忠誠愛國之志，盡其在我：公職退休後，應邀擔任《中國全民民主統一會》秘書長，致力於兩岸民族大融合，明知這是一項極高難度的政治工程，但仍勇往直前，不遺餘力，精神令人敬佩！

二、仰慕佛教教義之旨趣，提昇個人正面能量，照亮人間：十餘年來，深入經藏，故而智慧如海，每年返回佛光山參加夏令營，研習人間佛教，增進人文般若，淨化人心，導向正面論述修為。

三、筆耕日記心得加以發揚光大：信義兄從學生時代即有寫日記習慣，每天將生活見聞，自訂標題，寫成短文，造就如今「健群小品」之大作，功力達半個世紀，少有能及，吾銘之曰：「瀟灑倜儻人中僊」，惟健群耳！（健群為信義兄之字號）。

四、不佔他人便宜之品德，持恆不逾：「吃虧就是佔便宜」，是他從學生時代就恪遵不易的品德操守，七十年來，凡事絕不佔他人便宜，已成了健群兄的標籤。

充滿睿智、感性與愜意的美好生活，是吾人追求的目標，但它必需建立在友直、友諒、友多聞的基礎之上，同時還要勇於拒絕與損友為伍，方能開花結果，他凡事多向積極的、正面的看問題，不但時常處在樂觀、精神喜悅的情境下，創造了個人的優勝美地，而且還矗立了人格的標竿！

一個人如何不被社會國家泡沫化，應從其人際關係、經典語錄或文章讜論中，不隨波逐流，達到價值的創新和重塑，始能立於不敗之地，因為吾人的一字一句，一言一行，都隨時會受到旁人的矚目.放大與公評，所以，必需要存有「十目所視，百手所指，千耳所聽，萬宜謹慎」的心態，方能慎獨為之，本書「健群小品」，何豈不然？

有人說，心中無缺便是「富」，被人需要即為「貴」，信義兄公職生涯，熟諳「不與長官爭鋒，不與同儕爭寵，不與屬下爭功」之道，故而在內心深處，潛藏著《平凡中的智慧》，吾再銘之曰：「尊賢使能喜與樂」，惟信義哉！誠如宋朝蘇東坡所言：「功名進退，一但逢時，逼人富貴，皆善所基；更行好事，相與扶持，壽高貴顯，大勝前時」，此時此刻的信義兄，正是這番寫照。「健群小品」，弟先睹為快，感受良深，爰以為序。

第二屆十四期同學會會長　黃錦璋

吾誰與歸序

古今文人，能有幾個不孤獨？我這「半截子」文人亦然。但有了像　吳信義這樣的同學，也就少了許多因孤獨而生的落寞與惆悵。

吳信義此君，我是在民國五十三年九月在復興崗入伍時知道他的，從此同學了四年，不很緊密的走過半世紀的來時路。在各自的領域在不相知中締造了許多韶光，垂幕之年，方始惺惺相惜。

信義兄《健群小品》乃三氣合一而成——一點憨氣，不凡的才氣，豪縱之帥氣。

信義將三氣凝聚於一個「情」字，有激越之情、有天真之情、有豪邁之情、有感人肺腑之情。情之所至，隨之產生的便是動人的篇章。

每個字句，每個篇章，都值得索經據典津津樂道。更像打開一瓶絕世的佳釀，每一絲氛芳，每一口味道，都值得斟酌尋覓回味品嚐。

信義，絕不是時下像瘟疫般流行的那類「大師」，更恥於尾其氣味，他以執著尊嚴者所必有的傲然與神聖，流瀉成了他筆底的縱橫奔突的超然氣象；並演繹成了他平素爲人的樂天爽朗，厚道隨和。

我莫明艱深的「佛學」「哲理」「詩情」，但能感應　信義清朗的人情、人格、人性。當閱讀　信義《健群小品》時，會感到晴空萬里，會感到無半點做作，會感到水銀瀉地般的暢酣，會感到震撼力的洶湧澎湃。信義的章句盡道義，盛德盡豪情，諧趣而幽默，不乏真知灼見，撥人心弦，醒人智慧。

正是《健群小品》掏了我這「半截子」文人的心！在我心中，信義兄是令人尊敬的好同學，他是個真正性情之人。

我樂於與我的　信義兄，四季同歌同行。「微斯人，吾誰與歸！」。

集郵家　**楊浩**

劉序

廿一世紀是雲端科技的時代，我也順勢而爲，每天打開電腦總會收到信義同學寄來的文章，他勤於筆耕，在短短的二年之內，已完成「健群小品」大作，令人敬佩！回想信義同學自民國六十二年調回母校服務時，因爲我們每天搭乘校車，在校車上談天說地，上至天文，下至地理，中及人事，無所不包，所以與他非常熟識。由於他樂觀進取，熱心助人，因此每個人願意與他交往，真是位好同學，他在出版大作的前夕，邀請我爲他撰寫一篇「序文」，實在愧不敢當，但是他的盛情，也難以退卻。在「恭敬不如從命」的情況下，個人就不揣淺陋，特別爲他撰文。

俗語：「在人類歷史劇中，每個人都是主角；沒有固定的劇本，全看個人如何的扮演」，信義同學服務公職期間，誠誠懇懇待人，兢兢業業工作。因此他歷練任何職務，均能受到長官的器重、同事的信任與部屬的敬重。他適切的扮演了自己成功的角色，在他的人生舞台上大放異彩。

信義同學自臺大退休後，生活範圍更加擴大，閱歷視野更加遼闊，廣結善緣，建立良好的人際關係，三不五時，呼朋引伴，時而研讀佛學，時而靈修養性，時而吟詩作對，時而養生保健，時而應邀講演，時而徜徉青山，時而寄情綠水，時而引吭高歌，時而翩翩起舞。他找到生命盎然的泉源，他創造如歌的生活，他的人生有快樂紫色的夢幻，也有滿足繽紛的色彩，因此他的筆調輕鬆自然，他的詞句淋漓酣暢，取材來自生活中的點點滴滴，真正達到元朝翁秀卿所說的「好鳥枝頭亦朋友，落花水面皆文章」。

諺語：「話是風，筆是蹤」，信義同學雖是淡淡的生活隨筆篇章，但字裏行間蘊含著濃濃的人生哲理……。因爲他有一顆寧靜的心，心靈澄澈，所以能長遠的思考；因爲他有一雙勤奮的手，手勤筆巧，所以能化腐朽爲神奇。他細微的觀察生活，他深切的體驗生活，運用精鍊的筆鋒與清麗的詞句，激起生命的美麗浪花，將理想化爲真實，將蹤影流傳永恆……拜讀他的書，足以怡情，足以博彩，足以長才……它真是一本值得細細品味的書。

劉建鷗教授寫於淡水
二〇一四、七、二二

弁言

我們是國防大學復興崗學院的，前後期同學
他較我年輕、帥氣，成就比我高大
我們有共同的信仰、興趣和理念
吳信義學弟，人如其名，有為、有守，人緣極佳
在我結識的好友中，他的分量很重。
他的才藝，不能以「斗」形容
二百篇的「隨筆」短文，傳達的不是華麗文彩，而是
生活經驗累積的真、善、美。
像六祖惠能，把佛理融入日常，普渡眾生。
出版第一本書，像初次臨盆的母親，綻放
那豐收的笑顏
親朋好友，都會獻上道賀與祝福。

劇作家　蘭觀生誌　二〇一四、七

導讀──自序

今年底，邁入七十人生，剛巧欣逢本期「復興崗同學」入伍滿五十週年。藉此，集兩年來生活隨筆小品出書，書名「所見、所聞、所思、所感—健群小品」。於同學會上相贈。

兩年前，自己每週寫一篇隨筆，將日常所見、所聞、所思、所感，以五、六百字短文，陸續在自己「健群幽默小品」部落格發表，本書大多生活偶感，沒有詳細目錄分類，就以隨筆前後順序編排，隨興可讀。

啓發集結出書動機，來自許多好友的鼓勵。心想每週一篇要花上近四年才能累積二百篇，近年來，加快腳步每週兩篇~三篇，終於如己所願。這十幾年來，我訂閱人間福報，每天看星雲大師大作，及柴松林教授的社論。讀了他們行雲流水的文章，非常讚賞，沒有生澀的文辭，更沒有難懂的文字。誠如當年國父寫三民主義，期以人人能看懂，廣收宣揚之效。如今忙碌生活中，難得有人閱讀長篇大論文章，遂寫小品文，以享友人。

蒙諸多好友在序文中對本人的美言，內心實愧不敢當，基以大家對我瞭解的讚譽，有言過其實之處，不覺令我汗顏。藉此要感謝中國全民民主統一會王會長化榛先生、內政部前役政司司長陳將軍定中先生及劇作家蘭觀生學長三位長者對我厚愛，應允賜序。另有幸邀請復興崗同學，漢國、榮川、建鷗三位教授，以及第二屆同學會會長錦璋兄、集郵專家楊浩博士、舞蹈班同學麗霞等六位十四期好同學，願意爲序，加上現任臺大退聯會理事長陳福成師兄爲我爰序。也要感謝內人舜玉，經常向她請教正確辭彙用語，是我適時的活字典。最後特別要感謝，藝術系王同學蜀禧欣然爲本書封面設計如此精美。從事出版業長達五十幾年的文史哲出版社，社長彭兄正雄先生及他千金雅雲小姐，爲此書親自編排、設計、校稿、編審，使「健群小品」一書得以順利出書。在此謹向諸長者、同學、好友、彭社長、雅雲小姐及內人等，一併致最深謝忱。

信義敬上

PS：序文按姓氏筆劃排列。

1 有就是煩惱

在一家餐館用餐，看到唯一的標語：「人都是求有，有就是煩惱」。一語道破擁有的罣礙。擁有並非罪過，但當您擁有太多的名利、金錢、太多的事業、不動產、子孫、事物等等，管理不當，處理不妥，就是煩惱的開始。

因為擁有就有支配，有了支配，就有不公，有了不公就有了爭執，有了爭執，就不得安寧。適度的擁有是快樂、幸福，太多的擁有是痛苦、罣礙。生活所需處處可見，擁有的有形物質越多，煩惱就越多。常云：「生活簡單就是幸福。」您以為然否？

二〇一一、一二、一

2 無常變易

（歲月＝時間）終會帶給人生的必然＝走向往生

無常變易是宇宙萬事萬物的定律。人從出生之後，就一天一天走向死亡，經歷生、老、病、死的過程，這是人生的必然，為何突有如此的感觸？

每天上、下午各有一個多小時的快走運動，數十年已成習，退休後更能持之以恆，幾年來在士林河濱公園邂逅的友人，日久除了禮貌上會打招呼，偶而也會聊上幾句，如果經常見面，隔些日子或更久才見面，通常都是出國旅遊、年紀大者或生病、住院，遲早見了面總是好事，很久不見後，又從別人處得知不幸的消息，某人已往生，一股很難釋懷的心就久久不能平息，原來健康是時時危及人的生命。今天的健康並不代表明、後天都健康，我只知道天天運動會帶來身心的健康。看到一位蔡先生在溪旁整理一大片的花圃，身上帶著隨身聽，跟唱喜歡的歌曲，自得其樂，我佇足肯定告訴他可以活到百二十歲，他馬上回說，不要活那麼久，我解說，因為他每天勞動，心情又愉快，必能長壽。

栽培許多花卉，自娛又娛人，經過的路人都會讚美有加，我是其中之一，他很有心的標示花名，讓行人可以辨識，每天上午、下午花許多時間鋤草培土，心甘情願的付出，我常聽說：凡從事園藝田野勞動的人，身心必健康，這一點已從他身上看到。這麼簡單的道理人人都懂，但又有多少人可以做到。我經常自勉：「如果每天花二、三小時的户外運動，可以免除我今後都不必到醫院掛號，排隊看診」我願意。看到一些友人隨身帶著藥盒，感到慶幸的是，目前我起碼沒有與藥瓶為伍。

二〇一二、一、二〇

3　愛與喜歡、喜歡與愛的等差

喜歡與愛的等差在那？通常是指異性之間的感受有別。有人詮釋「喜歡是淡淡的愛；而愛是深深的喜歡」。我認為：對親情來說，愛永遠超越喜歡，父母對兒女或兒女對尊長都如是。

當您喜歡與某人或某團體的人相處，大致來說是有共同的興趣，如唱歌、跳舞、打球等，嗜好相同，個性相近的人容易相處，男女都一樣，但異性相處的先決條件通常是年齡差距不多、一起同樂的氣氛感受良好，談話投機，加上看起來很順眼，討喜而不討人厭，俗稱人與人之間的磁場很調適，命理中是說八字中五行相生相尅的強弱，千百年來的研究，必然有其道理。人們常說：「心態左右行為；行為養成習慣；習慣決定個性；個性影響命運。」我很認同此說。

當有人說我喜歡您，如果是異性朋友，日久生情就會產生愛。同學之誼，有一定的規範，如社大同學、學舞同學或團體的聚會朋友，開始都是情感的交流，會不會由情生愛，端視個人取捨及拿捏，所謂水能載舟亦能覆舟，就是這個道理，不知好友以為然否？

寫於二〇一二、一、二七

4 給對方空間，就是給自己空間

舊識中有一位居住美國二、三十年的朋友，老公仍留下上海，一人回國定居，小女婚後住美國，長女婚後後仍住上海，全家分居各地，久居國外的人總難忘臺灣的美好。

擁有上海的豪宅，有傭人處理家事，應該是心滿意足，生活愜意才對，但在大陸始終住不習慣，還是喜歡留在成長的故鄉——臺灣。

我很訝異怎麼放心老公一人在上海自由自在？她告訴我每周互通一次電話，彼此間的第一句話是：「您過得開心嗎？只要開心快樂就好！」這是他們夫妻幾十年來願意給對方空間的相處之道。他老公還坦誠說在上海每天有許多年輕貌美的姑娘陪他吃飯喝咖啡，他問老公有沒有抱抱或親親，如果沒有豈不白花錢？這麼開通的老婆何處找，就是我眼前認識的這一位。

同學的太太常跟我說：您陪我老公打球、打牌只要他快樂就好，他太太還說；如果到大陸他也可以請一位年輕的女子陪他、待候他一切生活，只要他快樂都可以，因為有人代他照顧老公，他感激不已。又是這麼讓人羨慕的老伴。

最近邀請一位同學參加國標舞蹈班，口頭已答應，上課前來通電話不能來，我沒問何因？是晚在家卻接到他老婆電話，語帶生氣責備地說：您不要帶我老公學跳舞，快樂的方式有很多種，我有點不解地告訴他說請您放心，我了解，心想還一天到晚擔心七十古稀之年的先生被人拐跑嗎？做人是否太累？學學回臺定居的那位太太的豁達，想想自己的先生能在古稀之年，仍然有人看上眼，不但不必生氣，應該暗自高興才對，不正是證明當年自己沒有選擇錯誤？

親情如父母對子女，愛情如男對女，夫婦如老公對老婆，如願意給對方空間，彼此信賴，相信必能增加快樂與幸福！您以為然否？

二〇一二、二、七

5 什麼叫眞愛？

我的老師趙玲玲博士，上課時提起什麼是真愛：「不相依賴，不相阻礙」。大家一臉迷惘，他舉了一例說，有一對老夫妻，太太每天為先生準備三餐，數十年來如一日，某天太太有事外出趕不回來，發現先生一天未進食，問其原因，先生回說：一向吃慣您做的飯菜，吃不慣外食。天呀！太太聽完後自責，以後不敢外出，更不敢出遠門旅遊，這就是依賴產生的罣礙。因為您已約束對方的自由。此事常見於父母、子女、夫婦、兄弟、朋友。家中養了寵物更甚，如果相互有依賴，必然心中有掛礙。阻礙就是約束，先生或太太一方要打牌、唱歌、喝酒、或參加應酬，一方不是不答應，不然就是追根究底，百般阻礙或跟隨，不給對方空間處處約束，必然引起爭執。常見發生夫妻或父母對子女的身上。

反過來說：有依賴、有阻礙就不是真愛。因為會讓對方產生罣礙，甚至無奈。請您反躬自省，是否目前您仍有依賴或阻礙最至愛的人？若然，趕緊放棄依賴及阻礙，讓您所愛可以無所罣礙。因為有朝一日您必須面對沒有依賴、沒有阻礙的日子。尤其是大男人主義的人。誰先離開誰是無法預料，何不早日適應自我也能生活的快樂日子。

PS：昔日在職進修於師大三研所，後來在社大主修心靈哲學七年，得於聆聽趙教授的課，獲益良多。目前老師已應聘北大客座教授，主講中國儒家思想、易經、孔孟及老莊思想。

二〇一二、四、二九

6 我的終身學習之一 E-mail

大約四年前，每逢參加講習或研討會後，連絡電話資料中必有一欄是電子信箱，因為當時我還未使用電腦，更無信箱，總是空白。有一份跟不上時代的挫折感。記得二〇〇八年夏，在兒子的協助下買了屬於自己專用的電腦，陸續申請二個 yahoo 信箱，開始與友人相互分享 E-mail 文圖，後來接受奎章兄的建議申請 Gmail 信箱，如今已有三個信箱每天要開啓點閱互傳，忙得不亦樂乎，二〇〇九年底，先後設立健群小品及健群行腳 Blog 並同時申請兩個臉書，二〇一〇年使用 Skype，因不能大量上傳圖文只好停用。二〇一一年改用大陸 QQ 版，確實傳送容易。記錄這四年來對電腦的學習、摸索，曾經有過無力感，如照相之後存到電腦資料夾，再傳送友人或上傳 blog 這個簡單動作，兒子曾埋怨教了多次，勸我要多操作、多練習，如今已能駕輕就熟。要領無他只要多摸索。有了電腦之後，雖然每天要花費六個多小時於桌前，但我樂此不疲，因為享受終身學習，其樂無比。友人警告說：傷眼又傷神，但衡量利弊得失，我戒掉二十幾年的四健會，每天看電視的時間相對減少，獨樂樂不如眾樂樂的分享，這些都是每天期待的快樂，唯維持每天三小時的健走運動未曾中止。因為健康的身心是人生第一順位。

退休後，除了到社大、樂齡或長青大學可以選擇喜愛的動、靜態課程，持續學習外，平時閱讀書報、參加研習、專題演講或文化交流等等都是很好的增上緣，但我發現透過 E-mail 信息的傳送，在家中每天就可以吸取新知，享受學習之樂。美好的自然景觀、旅遊景點、養生保健、醫療常識、歷史回顧、文學小品、幽默笑話、中外名畫、音樂欣賞、電影欣賞、美女姿色……盡收眼底。

每天一早起床，先打開電腦，點閱友人每天傳來近百的文章、圖片、風景，是一天快樂學習的開始，好的資訊除了傳送好友分享，更儲存在我的隨身碟，每天傳送好友一一點名也代表一分問候請安，友人見面一句感謝讚美，會讓您感到付出的喜悅。不求回餽但存感恩，心已足矣！

二〇一二、五、七

7 富貴福田

世間萬物，瞬息萬變，任何金錢、名利、情愛、權勢，都只是一時的因緣聚合，一旦因緣散滅，一切歸於空無。星雲大師要我們做到以下四點就能享受人生的福田：

一、「性定伏魔朝朝樂」：如情愛雖然甜蜜，卻是最麻煩、最難纏的。金錢很可貴，但也為我們帶來不少痛苦；人人追求權位，然而位高權重，背後又是多少是非。如果不能將愛情、金錢、名位等煩惱，一一放下，就不可能有朝朝快樂的生活。

二、「妄念不起處處安」：要將空想、幻想、亂想時時放下，隨緣、隨分、隨喜的過生活，自然快樂自在。

三、「心止念絕真富貴」：心念止定，則一絲妄想都不生；妄念絕處，則自然可以安住在真如自性，安住在平安快樂中。

四、「私欲盡斷真福田」：把內心的私欲統統斷絕，就是福田了。所謂「事能知足心常泰，人到無求品自高」。

能夠學習「無住生心」的智慧，體證「私欲盡斷」的豁達，就能身心安頓，隨心自在。

我很欣賞金剛經的這一段話：「一切有為法，如夢幻泡影，如露亦如電，應作如是觀。」這句話才真能詮釋了宇宙萬事萬物的無常。

8 談情

眾生離不開男女之情、親子之情和朋友之情。家庭是感情關係的基礎。家庭的基礎從倫理上說是親子之情，它是成始於男女的夫婦關係，繼而從家庭成員擴展到家庭以外的親戚朋友。這都是因家庭的需要和社會的活動而形成友情的基礎。

俗諺說「在家靠父母，出外靠朋友」；「夫唱婦隨，白首偕老」。這些都是以感性的情為基礎。如果沒有情，就像機器沒有潤滑油，隨時都可能發生故障，也很容易因磨擦而受損傷。這時候如果以智慧來指導理性，就可使凡人的情感從混亂變為條理，從矛盾成為和諧。情感如果離開理性的智慧，就會濫情，自害害人。

要如何才能圓融處理感情問題呢？要以理性來指導感性；要以感性來融合理性，也就是能以理性的智慧來指導感性的情感。

愛其實都有條件，人與人之間的愛是有條件，親子之愛是無條件的，父母對子女的愛是無怨無悔的，但男女之愛和朋友之愛則可能是有條件，也可能是無條件的，後者誠可貴，當將愛提昇加以淨化成無條件的愛時，就是佛陀所説無緣大慈，同體大悲。眾生平等。多難呀！

二〇一二、五、二七

9 得與失本是相對的

記得廿二年前即（民國79年）我仍在母校復興崗服務時，學校傳閱國防部一份配售眷舍的公文，列有兩個地段分別是：士林忠誠路一段及民權東路榮星花園正對面，將興建十幾層大廈，前者上校階三十坪價格約六七〇萬，後者約八七〇萬，兩者差價近二〇〇萬，按服務年資、考績、獎勵、不同官階做成積點評比，當時考量價格、外在環境、交通等因素，選擇了忠誠路，八十一年收到公文如願配售眷舍。經過幾年後，民權東路先行完工，忠誠路遲至八十六年底交屋，因地價上揚，價格也起漲二〇〇萬，與民權東路不相上下。晚落成兩年，價格拉平，始料未及，人算不如天算是也。

八十七年初搬離了興隆路進住忠誠路，十四年來房價一直飛漲，從當初四十萬一坪到目前五、六十萬以上行情，剛興建毗鄰的大廈每坪百萬元以上，台北房地產的高價，豈非軍公教人員買得起？談得與失豈全能與價錢論？現住處有陽明院區走路五分鐘路程，距榮總十餘分車程，芝山公園、雨農國小、雙溪河濱公園都是很好的運動場所，SOGO及大葉高島屋加上新光三越近在百公尺，這是無形的地理價值。寫此文是感嘆人生許多的得與失，不在眼前，幾年或幾十年的無常變異誰又能料及。不以眼前的得而喜，不以當下的失而怨，才是有為者。

二〇一二、五、三一

10 時不我予另解

陽貨是魯國的權臣，把持了魯國的朝政。

陽貨想讓孔子來見自己，孔子不去見他。於是給孔子送來一隻烤乳豬。孔子等他不在家的時候去拜訪他，不想在半路遇到了陽貨。

陽貨對孔子說：「來，讓我給你說幾句。一個滿腹學問的人，看著自己的國家一片混亂不管，能說他有仁義嗎？」孔子說：「不能。」又說：「一個人本可以為國家做大事，卻總是錯過機會，能說他有智慧嗎？」孔子說：「不能。」陽貨說：「日月流逝，時間不等我們啊！（日月逝矣，歲不我與）」孔子說：

「對，我快要出來做事了。」

「歲不我與」感嘆時機錯過，追悔不及。

看了此段對話我有感隨筆：「時不我予」另解，前幾天參加健康長壽早餐會，一友人拿著一個單眼數位相機拍照，我好奇問起照相機很貴吧？他靠近我耳旁小聲說：外加長鏡頭就要五萬多，看來整套機組要十來萬。他接著說最近看到一些同學走了，身邊留下很多錢來不及享用，讓他感慨萬千，現在想開之後，開始要善待自己，能花就要花、能用就用，不要等、不要省。後兩句話是我加上的。這豈不是「時不我予」的感嘆！另一例是我樓上一位同學，屬內向、省儉習慣的人，有一天我在十一樓陽台找到他，看他穿著整齊的衣服加上很少穿上的皮鞋，問他是否外出？他回我說：衣櫥的衣服很多，都沒穿上，那一天掛了，不是很可惜嗎？又是時不我予的扼腕一例！舍妹告訴我他一女鄰居的故事，老師退休，有優渥的退休俸，為了節省幾十元，願意搭乘免費接駁車到大賣場排隊買麵包，大學畢業的兒子要求買部車子，二話不說居然買部百來萬的進口車子，對自己很節儉，對子女無怨無悔的付出到處可見。天下父母心是也！

小結：凡事，起心動念，想做馬上行動，莫待「時不我予」，則遺憾終身。孝順、行善、旅遊尤是。

11 談EQ的培養

凡事莫爭第一，有了第一不但給自己帶來壓力，也帶來不斷的困擾與煩腦。君不見從小到大讀書最好的小孩，除了沒有快樂的童年，也沒有時間去交朋友，雖非絕對也是相對。五育並重的教育，從小學到大學幾乎很難做到，智育好（功課好）的孩子，德、體、群、美不一定好，因為專注於讀書，可能忽略其他四育的培養。

我在臺大服務時，一位中校教官疑惑問起：他研究生宿舍一碩士生與博士生打架，這麼高的學歷居然還打架？當年丹尼爾・高曼著的EQ一書（註）尚未出版，我即回說：因為他們智育高，但德、體、群、美四育仍停留在小學、國中階段、也就是情緒脫序，沒有將情緒與智慧相結合。套句通俗話就是沒有做好情緒管理，心智不夠成熟。人際關係的成功比IQ重要，就成為這十幾年長官用部屬；老闆用人的最好指標。的確人才可以培訓、能力可以培養，但養成的個性是不易改變的。故EQ的教育要從小家庭教育做起，加強學校的倫理公民教育，循序漸進才能養成，非一朝一夕，一蹴可及的。您以為然否？

註：EQ丹尼爾、高曼著　時報出版

一九九六、四、一　初版

12 老二哲學

昔日常陪學生一起研讀經國先生言論集（復興崗講詞），印象深刻的是經國先生一向謙虛柔軟的身段，他常說：「走路莫走前頭；照相莫座中間；宴會莫座上席」。這正示意我們凡事不要強出頭。

我回憶起入伍三個月結訓時，排長陳伯鏗中尉（後來任政戰學校教授）向全排入伍生說了一段話，留給我印象深刻，也成為日後身體力行的座右銘。他說入伍期間，認識表現最好及最差的少數同學，表現平庸的同學並沒有什麼印象，但在團體中這是最好的。他對我說，對我沒什印象，但名字很易記得。畢業四年後，有幸調回母校服務，好幾度向排長提起這段往事，總是感激他當年此語影響我日後在做人處事上，常以此自勉，獲益良多。

民國七十五年底到八十二年八月我在學校研究班擔任思想戰課程教學，常勉勵學官，在單位或學習中莫強求爭第一名，否則容易遭同儕妒忌，受到傷害，如竹筍因為冒出泥土太早而被農人鏟除，若稍晚等太陽出來後，可能就活存成為竹子，君不見政治人物要出任要職或競選時，許多攻訐的文宣刊登加諸於身，而讓您無法如願；學校成績前幾名的，幾十年之後往往不再是佼佼者，反而是當年功課不怎好的人，日後很有成就，如現在工商企業界領袖人物，到處可見，是否印證許多人因見不得人好，想辦法來打擊你，印證這一句話的合理性。

八十二年九月我轉任軍訓教官，時任校長的鄧中將召見贈送紀念品時，問起我如何可以在學校服務長達廿一年之久，我告之中庸之道的處事哲理，他蠻認同。因為表現太好或太差的同仁都有機會輪調到部隊，前者要歷練重要軍職以免失去往上晉升機會。印象中有兩次很好的機會我拱手讓人，六十二年在金門服務時，我連隊是小型康樂全師第一名，營輔導長要呈報師部爭取我參加政戰楷模評選，但我放棄，後來由軍歌比賽冠軍連隊當選。七十二年我在訓導處任科長職，一年累積四大功，行政處長王能飛要呈報全校年度保舉最優人，我婉辭，因為我很清楚，獲選後一定外調部隊歷練要職。七十五年我卸任學生部訓導主任，轉任研究班教職前，承總政戰部主任許老爺召見，他要安排我到部隊歷練師主任重要軍職，我以離開部隊太久怕不能勝任工作及在校服務教職得能教學相長為由推辭。這些都是我個性上缺乏那股旺盛企圖心。從此享受安定的軍旅生涯在母校、在臺大，我滿心歡喜。

寫此文非炫耀我有的過往，只是凡事，不計較、不比較的個性使然，在名利上、在權位上，不與人爭，我心安理得，快樂自在。退休後更能享受悠閒自得幸福的人生，老二哲學多少人能做到？

二〇一二、六、一五

13 挫折往往是激勵成功的動力

達賴喇嘛勉勵我們要把傷害我們的人當為難得的恩師。在走出傷痛，寬恕他人的過程中，我們體會到傷痛的深層意義，變得更具同理心，更能包容他人。

認識一友人，生性正直，年輕氣盛，看不慣上司的無理作風既違背其意，確遭受記過兩次處分，致憤而辭職，加上家庭失和，在離婚的雙重打擊下，攜兩位就讀國小的幼子，遠赴異國，獨自撫養，含辛茹苦的完成了他們的大學教育，如今老大靠自已努力回國後謀得一份，令人羨慕的機師職位，老二在國外也事業有成結了婚。了無牽掛的他在十四年後返台定居，陪同八十多歲的老母聊盡孝心，當他見到昔日的老同事為工作忙碌忙到體態都已變型，仍安於現狀，而卻沒有一絲長進，回頭想想若不是當年的挫折哪能促成今日的轉機。

有位大學教授憶起，三十幾年前的他師大剛畢業後分發到南部一所國中教書，因求好心切，要求班上學生甚嚴，至使受到班上一學生多次的威脅恐嚇，並揚言要殺他全家，實難奈不安的度日，與太太商議後，決定辭去教職雙雙赴美進修，取得碩士又繼續攻讀博士學位，回國後到大學任教，從講師一路升到教授。而當年師大畢業的同班同學仍大多數任教於國、高中，雖能安於現狀並非不好，只是未能長進。憶起往事還真該感激當年逼他走頭無路的那位流氓學生。

在臺大服務時，有一位中校教官是研究所畢業，在服役滿廿四年後終未能晉升上校提前退伍，而後赴日留學取得博士學位，目前於台中一所私立醫學大學擔任助理教授，若當年升了上校恐怕沒有機會更上一層樓，得此失彼，很難評論對與錯？

有一位男歌星成名後，記者問他的感想，他說：很感謝當年在歌廳駐唱時，老闆百般刁難、辱罵，逼他離開。而今終於能闖出一片天，這豈非此地不留爺，自有留爺處。危機就是轉機。

略舉以上四例，非人人可以轉機，但激勵下可以發揮潛能是事實。古人云：「生於憂患，死於安樂」。是最好註解。

14 享受退休樂活的人生

一轉眼間退休即將邁入第十八年頭，除了前三年寒暑假於成功嶺擔任大專寒暑訓的愛國教育課程外，十五年來我是享受無工作、無生活壓力下的樂活生涯。相信許多同學一路走來也是如此。

退休後要如何安排每天悠閒的生活，除了有規律作息，做好身心保健的吃、喝、拉、撒、睡，最重要的是要有適度的運動、均衡的營養、充足的睡眠加上常保愉快的心情。這些都要有賴於保持良好的生活習慣使然，因為健康的身心每天應如是。

退休後不可終日居家，除了培養自已喜歡的休閒活動如健行登山、打球打拳、跳舞歌唱、奕棋麻將、終身學習……將生活過得充實而忙碌，參加許多的活動才能活得愉快。茲將我的定期與好友聚會列舉如下僅提供參考：

1.每日晨間、下午健走運動各一個半小時。走出苗條、走出健康，一、二十年持之以恆，出遊亦不缺席。

2.目前每週二、三有三個班的舞蹈學習課。當成室內運動。

3. 每月兩次擔任臺大聯合服務中心志工。並參加退聯會旅遊。
4. 每月有三次的活動，參加臺大退聯談古說今演講會、健康早餐會及社大同學聚餐聊天會。
5. 每年春節、端午、中秋三節幾位好友輪流做東聚會（臺大退休同仁）。
6. 每半年網球好友聚餐一次。
7. 每年暑期參加全國教師佛學夏令營在佛光山、台北教師分會年度大會在松山台北道場。
8. 每年參加臺大登山健行至少五次以上，並出席年會。
9. 不定期參加台北友人婚喪喜慶、及同學聚餐、卡拉ok歌舞、聽演講等等活動。
10. 參加國內外旅遊，增廣見聞。

做個人喜愛的活動、與喜歡的人一起參加活動，與志同道合的一群朋友做共同喜好的活動，這些快樂足以證明：「獨樂樂不如眾樂樂。」分享是一種喜悅，邁入中老年後不寂寞的不二法寶是走出去，讓自己快樂。

二〇一二、七、一二

15 用智慧善解，用慈悲包容

缺乏智慧的慈悲、容易軟弱；
缺乏慈悲的智慧、容易僵硬；
失去智慧的慈悲、是爛慈悲；
失去慈悲的智慧、是壞智慧。

善解是同理心，慈悲是同情心。「智慧不起煩惱，慈悲沒有敵人」。在昔日筆記中，常出現星雲大師所提的這兩句話。讓生活時時知足，讓意念起能善解，讓敵意起能包容，心懷知足、感恩。

智慧：知識的知，下面有一個「日」意指太陽要自己可以發光的知識；慧上面是樹，草下面是心，心裡不斷保持著青翠、生機、活潑的力量。

作家羅蘭筆下的智慧是：

生命的過程，注定是由激烈到安詳，由絢爛到平淡，一切情緒的激盪終會過去，一切彩色喧嘩終會消隱，如果您愛生命，你該不怕去體嚐。

二〇一二、七、一五　筆記心得

16 對孔子：「六十而耳順」的領悟

子曰：吾十有五而志於學，三十而立，四十而不惑，五十而知天命，六十而耳順，七十而從心所欲，不踰矩。

孔子是七十二歲死的，在春秋時代算是長壽的人。如果以現代的人比實際年齡年輕十至十五歲來看，孔子生在現代至少活到八、九十歲。那麼八十、九十的人生境界該如何呢？

耳順之意是好話、壞話儘管人家去說，自己都聽得進去而毫不動心、不生氣，你罵我，我也聽得進去，心裡平靜。現代流行「淡定」是最好詮釋。我喜用佛家言隨緣、隨順因緣，不要太在意別人的言語影響到自己的情緒起伏，能做到這一點修持，就是耳順，退休的人與人、事無爭，應以此自勉，不比較、不計較，快活又自在，何樂不為。

17 再談六十而耳順

重讀五年前于丹《論語》心得，當年一口氣把二〇〇五頁的新浪圖書風雲榜第一名（誠品書店暢銷榜）讀完，內心很激動，即跑到書店多買了幾本，其中寄送一本當年教授論語的國文老師侯文如先生，于丹教授以深入淺出的小故事來詮釋論語，讓人易懂易學。

耳順，就是不論什麼樣的話都能聽得進去，都能站在發言者的立場去想問題。但在現實生活中，我們經常遇到不順心的事，聽到不好聽的話，我們如何才能真正做到耳順呢？孔子說能做到「悲天憫人」在真正了解所有人的利益與出發點的前提下，實現理解和包容。

于丹形容：兩朵雲只有在同一高度相遇，才能成雨。他說其實耳順之人是什麼呢？就是不管這個雲在五千公尺還是五百公尺，他總能感知到這個高度。這就是孔子面對那麼多不同的學生都能夠因材施教的道理。一個人要想做到耳順，就要使自己無比遼闊，可以遇合不同高度，以自己恆定的標準堅守在某一個高度。做到很難，但以此目標自我期許，不能做到十分也可以有七、八分。這就是個人的修養。

孔子「耳順」的境界，其實就是外在的天地之理在內心的融合。有了這種融合做基礎，才能達到「從心所欲不踰矩」。

寫於二〇一二、八、一一

18 談人生的因緣際會

萬法相互因緣　世事不要強求
只要因緣具足　自能水到渠成

人生是很奇妙的因緣和合，從小出生的環境，大至國度、小至鄉里，都無法選擇，卻都深深影響您的一生。小學、國中都因住家環境無從選擇就讀學校，考高中就要憑本事，考大學因為家中環境的好壞也直接影響您選擇就讀的學校，一連串的影響都能改變您無法作主的因緣際會，求學的同學，都會影響您的一生。大學畢業是人生最大的轉折，初、高中同班的老同學，在台北有好幾位，永澤、明富、金詳、正當、李長、女同學有秀菊、瑩惠、美華、麗珠、加上我，南部的志成計有十一位，從四十六年至今逾半世紀，一年相聚多次，總是憶當年，彷佛如昨，年近七十，不怕歲月催人老，只怕身心已認老。

當年沒考上大學，既使考上私立學校，家庭環境也不允許，只好考軍校，這豈非宿命？從小比成績、比學校、退休後大家一介平民，沒得比，回首看一生，什是功成名就？能愉快活在當下，身心健康最重要。

二〇一二、八、一五

19 樂活退休

我樂活當下每一天！讓自己能優遊又自在，沒有壓力的日子是極樂，排不出時間做自己喜歡的事，除非隱居，這大概就是我目前屬於快樂的困擾吧！因為有許多的團體活動必須參加。

話說回來，花三小時散步健身、花六小時在電腦桌前，享受終身學習，這是每天獨處的功課。一天二十四小時三分之一休眠，退休邁入第十八個年頭，最能釋懷就是能自我掌控每天三分之一的時間。

走路分上、下午各一個半小時，在住家附近的芝山公園及河濱公園，電腦桌前，當然是分開六個時段，為了護眼、固腰不宜連續久坐，這也是我排除打牌的主因，人過六十，尤要為自己的健康負責，吃喝玩樂有節，養精蓄銳有法，愛惜生命當如是。

把學習國標舞當運動，又可娛樂，一舉兩得，做您喜歡做的事情，既便要花時間、耗體力也樂為，何況又廣結善緣，兩天的上課能與許多人歡樂，是很划得來的消遣，每週一至兩次的歌舞享受，當然是見見老朋友、老同學，這是緣續，您會發現有共同的學習、相同的嗜好才能常相見，就像每月一次的健康長壽早餐會，廿六年來樂於參與一樣，本著多見一次面的機緣，何況這種沒有利害關係的朋友尤為珍貴。

閒來寫寫感想，分享好友一樂也！日積月累可以彙集小冊，只好勤寫了。

願以佛語：「智慧不起煩腦，慈悲沒有敵人。」共勉！

二〇二二、八、一九

20 時空條件下，評論對錯、價值

評理、論是非、爭對錯，抽離時空條件下，就無法論斷，因人、事、物是受時空因素而改變其對錯與價值。

昔日買書，習慣註明時間、地點、價格。重讀二、三十年前買的書，有時空的憶往，因為念舊，保留學生時代的公車票、電影票（註記電影片名）如今都是甜蜜的回憶。

我常看到一座橋、一棟建築、一塊碑石有了提名人卻少了落款時間，數十年之後，失去時間傳承的軌跡。古蹟、骨董都因為時間的久遠，留下歷史上的價值。

中國人常說：「十年河東，十年河西」，短短十年在人事物上就有很大的改變，磁場的改變，小至影響人際關係，大者關係事業、官場、商場的成敗，這就是無常的必然。

昔日二、三十年考大學，牙、獸醫系都是敬陪末座，婦產科、醫科是熱門科系，餐飲事業的廚師，乏人問津，幾十年之後的今天。牙、獸醫及廚師成為最夯的行業，整型、皮膚科處處林立，因為社會的需求改變行業的價值。

由此可見許多人事物，都受制於外在時空因素，決定對錯與價值。看到E-mail中的兩句話「時間讓人品味等待的魅力，空間使人倍感牽掛的美麗」「有時候執著是一種種重負或一種傷害；放棄卻是一種美麗。」深思之後頗有哲理。

我喜歡金剛經說：「一切有為法，如夢幻泡影，如露亦如電，應作如是觀。」可惜我們都置身於有為法的世間。

寫於二〇一二、八、三十

21 談經師與人師

古人說：「經師易得，人師難求」。用之現代社會更是難上加難。身為軍人的我，有幸身為經師十年，人師十幾年。在此願分享，詮釋何者為經師？何者為人師？

所謂經師也者，是韓愈所說：「師者，之所以傳道，授業、解惑也」。如有形的學校教育：站在講台前的老師；無形的社會教育：指導專業知識與技能者。廣義的說，可以傳授知識、學能或專長的老師皆是。所謂人師者除了具備經師的傳道、授業、解惑之外，其言行舉止及行為都足以為學生或眾人的表率，如在部隊軍中，長官可以為部屬尊敬與學習，法師講經說說可以言行合一。之故前者易得，後者難求。

記得回到母校服務，前十幾年擔任隊職工作，從最基層連隊的區隊長、訓導員、中隊長，到後來的營輔導長、營長、訓導主任，直接帶領學生上課作息，朝夕相處，一言一行都要做為學生的表率，時時受到檢驗，檢查學生服裝儀容之前，自己先行端正做到標準，讓學生心悅誠服，這樣才可以真正可的做為人師。很難很難呀！因為凡事要以身作則，時時要鞭策自己。七十七年離開隊職後，得以有機會站到教室講台前，做為經師，感受純理論的教學應該比做人師要容易些，就像目前各級教育，老師只把課教好，下了課的言行舉止沒有太多人去過問，在研究班教了八年書，轉任臺大教兩年，前後也擔任十年的老師。

記得許上將歷農先生當年在母校擔任校長時，特規定軍、文職的教授、副教授、講師、教官統稱老師，得以有學生以老師相稱，當了一輩子軍人，有幸為人師、經師角色，提出個人心得淺見，請諸好友惠予指正。

寫於二〇一二、九、九

後記：在您的一生中，有許多的經師傳授知識，或多或少中兼具人師角色，告訴您做人處事的道理，這些都是您的人師，良師益友終成亦師亦友，我高中三年的國文老師候文如先生即是，如今九十五高齡仍健在，他是影響啓蒙我最多的老師之一。

寫於一〇一年教師節前夕

22 我的日課：徒步運動健身的一些聯想

風雨無阻的徒步運動是我每天的功課，幾十年來養成的好習慣，讓我獲益最多的是：身心健康、身材苗條、精神愉快。

首先徒步運動要有好的環境，昔日住興隆路二段，登仙跡巖約半小時，每天清早來回要花上一、兩小時。一身是汗，最佳體內排毒。八十七年移居士林忠誠路，附近有芝山岩及雙溪河濱公園，改成每天早晚各作一次戶外健走運動。退休後雖有時間，但運動也是要安排出來，除了參加各種聚會活動，在家的日子，必定早晚徒步健走。人的熱量每天從飲食吸收 2100 卡，正常消耗 1800 卡，有運動可以消耗多餘的 300 卡。不讓每天多餘的卡洛里儲屯體內，身體就不會發胖，道理很簡單，知易行難，知道吃太好太多，必發胖，美食當前，經不起誘惑，人性弱點。經常參加喜宴，見到一些同學以健康為由，不能吃高膽固醇食物，或喝酒，才體會到中國人常講：「能吃就是福」這句話的含意，表示身體健康就有口福。年過六十，一些不健康的食物是要自我節制，如油炸的、生冷的，尤其是冰品類的點心啤酒飲料。

我每週一至兩次，裸足行走於泥土路上，讓腳直接吸收地氣。在台北除了郊區才有機會看到泥土路，打赤腳走路更鮮少。雙溪公園兩岸的河堤除了自行車專用道，亦適合徒步行走，徜徉其間，有涼風、有溪水、有白鷺、有成群的麻雀有藍雀亦有斑鷲，自然景觀等您享有。佇足於溪邊，享受當下的美景，心曠神怡。

寫於二〇一二、九、一五

23 談用錢的智慧

早在二千五百多年前釋迦牟尼佛就曾說：錢財是五家所共有。天災、人禍、無能政府（貪官污吏）、盜賊、不孝子孫。如今看到的自然天災及社會現象無不印證此一事實。星雲大師在「心甘情願」一書中提出，金錢如水，必須要流動，才能產生大用。而用錢最好使大眾都能獲得，並能取之不盡、用之不竭的般若寶藏，才能使自己永遠享有用錢的快樂。所以：「擁有金錢是福報；會用錢才是智慧，錢用了才是自己的」。

記得二、三十年前，在中副看到一篇文章，內容大意是：有甲、乙兩位好友，甲是某公司董事長，乙是升斗小市民，省吃簡用，有一天甲向乙借六千萬，當場付乙一年利息六十萬，並高興地開著賓士高級車，載著乙來到一家高級飯店享受大餐，餐後步出飯店門口，正好有擦皮鞋的伯伯，兩人座著一起等擦皮鞋，伯伯看了兩人後就說甲比乙富有，乙不服地說，他剛向我借了六千萬，當然是我有錢。伯伯說有錢不用等於沒錢，甲同您借錢有本事支付您利息，又請您吃大餐，當然是甲有錢，看到許多企業界大老闆，都向銀行借貸數億錢款，因為他有智慧用錢理財投資，賺更多的錢，這就是企業家的般若智慧，一般人是無此能力。

最近在網路看到一則故事，您願意當外國老太太，還是中國老太太？前者大學畢業就業之後，以薪水能力下，貸款買車、買屋、家電、衣服、享美食、到各地旅遊，一輩子從年輕到終老，都是預支薪資，但他能活在當下享受人生，後者省吃儉用，勞碌一輩子，終老時擁有房子及許多財富留給子女，想想時下多少父母就是心甘情願如此。

聽說陳立夫先生晚年時，將其不動產賣了好幾億，每月用利息請了兩位傭人，一位照顧其生活，一位管家務，並規定兒子、孫子每週回來探望，每次給五千元，子女爭先恐後要回來，陳老規定排表輪流，每週只能來一位，聰明的陳老懂得生前支配金錢，買到了親情。

結語是：用錢是智慧，從您手中花掉的錢才是您自己的。各位好友，您以為然否？

寫於二〇一二、九、二三

24 永懷師恩

昨天搭乘高鐵南北來回，專程參加侯老師文如先生的告別式，有來自臺北莊正當夫婦、林永澤、陳明富及我四位同學，加上高雄劉志成相約前往。在麻豆見到莊哲仁，一起照了相，我們是相識半世紀的高中同學，誠為難得。

高中三年在老師講解論語、四書五經（大學、中庸、孟子）中，聽到許多做人處事的道理，當年年輕矇懂，及長漸能從中體會，回過頭來才感恩當年老師耳提面命，諄諄教誨的苦心。經師人師在老師的言行中做了最好的榜樣。之故，我們曾文中學高中部第六屆同學一直成為老師心目中得意的子弟學生，（擔任國、高中老師有十來位，學成博士有三位，軍人有三位上校）師母都可以喊出大家的名字，師生情誼深厚可見。在麻豆鄉下，老師看到學生的成就引以為榮。

人的一生，在求學的過程中，可以獲得無數老師的教學，真正能讓您懷念的老師幾希？然而侯老師三十幾年教過的學生都會感恩於他，最重要的是他鍥而不捨地，啓發我們最基本的做人處事的道理。相信同學都感同深受。老師以九十五歲高齡辭世，雖令人感傷，但大家都默默祝福他蒙主恩召，安息主懷。

寫於二〇一二年教師節前夕

25 談五育並重的全人教育

孔子說六藝，禮樂射御書數，禮樂在前面，書數在最後。柏拉圖在《理想國》中說：「希臘的公民在二十歲以前，只要體育和音樂就夠了」。先確定身體強健，品性優良，再來強化智育中的學術、學識領域。換句話說，強健的身體及美樂的人生，是比IQ的智慧來得被重視，EQ的人際關係重要不言可喻。

誠如洪蘭教授所說：「真、善、美是不可分的生活基本道理，不真就不可能善，不善怎可能美」。您發現，當年在學校功課不是很好的學生，踏出校門後，往往在某方面的成就是出類拔萃的，説明：德、體、群、美四育也很重要。IQ是先天基因遺傳，EQ是透過從小家庭教育、學校教育及出了社會之後學習的人際關係，懂得做人處事的道理。常説做事難、做人難，做好人與人之間的相處更難。上帝説：「關了一扇門，會為您開另一扇門」這句話就是説明人各有所長，IQ不如人，好的EQ可以彌補。此處不留爺，自有留爺處，口足書畫家正説明老天對眾人的公平性，努力必有成就，只是如何找到您適合的這一扇門？這不是每一個人有機緣、有福份或有貴人提攜而順利找尋到的。

社會的變遷，使許多傳統價值觀改變，但唯有努力耕耘，得到收穫的掌聲是不變的。五育均衡教育是靠自己用一生去學習的。專業的時代，就是五育發揮所長最好的機會，如今會打球、會唱歌、會演戲、會烹調的才華，都能展現體、群、美，自然能闖出：屬於自己讓人羨慕的一片天，您能否認嗎？

寫於二〇一二、一〇、五

26 基因遺傳 談白髮

母親在我就讀初二那年離開我們，印象中很年輕，沒發現母親有白髮，算年齡剛滿四十歲，父親兩年後在眾親友的鼓勵及贊同下續弦，繼母比父親小十四歲。我四十歲發現有了白髮，才注意到父親早已開始染髮，利用每次理髮染髮，顯得年輕，後來留意到幾位舅舅都滿頭白髮，才恍然有悟，原來是家族遺傳於父母。

兄弟姐妹四十歲以後，都出現少許或多的白髮，近十幾年來社會染髮風氣普遍，我們靠著染髮掩飾許多的白髮，五十一歲退休那年，內人勸我不必染髮，我回說等六十歲再說，如今將屆七十歲，染髮依然，看來要活到八十歲以後才願罷休，只因為染髮可以讓人看來年輕十歲。愛美是人的天性，女性如此，男性豈能例外。在同學中常被讚美看起來比較年輕，我總不避諱言是拜染髮之賜，如因染髮可以讓您看來年輕十歲，您是否願意呢？

體質是基因遺傳無法改變的事實，從容貌、個性、體型的高矮胖瘦，到許多疾病的病原，如心臟病、糖尿病、高血壓、漸凍人疾病及精神異常等等，都能直接、間接、顯性、隱性來自祖父母的隔代遺傳或父母的直接遺傳。拜科技的進步，醫學的發達，都能延長人類的壽命，唯獨人體基因遺傳無法突破是事實。

附註：基因決定了一切

從醫學的觀點來看，白頭髮或灰頭髮是黑色素細胞功能逐漸退化的結果。人在出生的時候，基因就決定了一個人的黑色素細胞功能何時會減退，當然，也決定了減退的速度。

這也是為什麼有些人從十幾歲就開始有白頭髮，而有些人到了五、六十歲依然烏黑亮麗。遺傳，的確是最主要的原因，許多少年白的人，父母很早就有白頭髮，但手足之間出現白髮的時間和速度還是有個別差異。

請點閱參考：http://www.commonhealth.com.tw/article/article.action?oid=1778

27 談快樂與幸福

在社大上心靈哲學課，我們一班二、三十人，跟隨趙玲玲教授學習，獲益良多。授課內容從三字經、百家姓、弟子規、增廣昔時賢文到孔孟儒家思想、老莊思想、中國的「忍」哲學，並談及天文、地理、易經、命理八卦、五行陰陽，理則學（Logic）無所不教，當然也談及西方哲學思想等，這些課程是目前學校教育所欠缺的。我們雖然程度參差，但大家都能虛心向學。前後長達七年，同學來自社會各行各業，生活學習中打成一片，建立深厚感情，更可貴的是緣續師生情誼，亦師亦友。

上課中，老師歡迎同學提問，我曾提出快樂與幸福如何界定？老師花了一個多小時說明兩者的差別，整理對照如下：

快樂 Joy：有得；指被給予，偏重於外在的有形物質，是客觀的、是短暫的、是外求的。

幸福 Happiness：無得；自足（情與理融和的心靈狀態），偏於無形的精神層次，是主觀的、長久的、是自求的。

每人認知的需求不同，得到快樂與幸福感受亦不同，前者偏重於物質，後者偏重於精神，當然快樂的累積越多就有幸福感，物質的滿足可以提昇精神的幸福，兩者相輔相成，很難分離。為了更能深入瞭解兩者定義，特蒐尋 Yahoo 網上維基百科，自由的百科全書參考如下：

快樂是一種感受良好時的情緒反應，一種能表現出愉悅與幸福心理狀態的情緒。而且常見的成因包括感到健康、安全、愛情和性快感等。快樂最常見的表達方式就是笑。通常我們認為達到快樂，是需要工作和愛。

幸福是一種持續時間較長的對生活的滿足和感到生活有巨大樂趣，並自然而然地希望持續久遠的愉快心情。幸福的來源可以分為四個方面：來著物質的滿足，比較短暫並且遞減；來源於情感層面的親情、友情、愛情，比物質層面持續穩定，有益無害；來源於信仰的，如：共產主義、各種宗教對幸福的期盼和沉思；來源於自我實現的，如科學家、藝術家、慈善家等，通過幸福他人達到永恆幸福。

寫於二〇一二、一〇、一九

28 談運動健身

生、老、病、死是人生的必經過程，除了「生」無法自己選擇，老病死三者是可以靠後天好的思想觀念來改變，如生活環境、飲食習慣、科技醫療、運動健身以及良好心情，都可以讓自己老得慢、病得少（輕）、死得其所（死得快）。

先談生活環境：世界許多長壽村，不是高海拔就是靠山靠海，證明好的生活環境確實可以延年益壽，住在城市的空氣污染比鄉村來得嚴重，偶而到山邊、到鄉下走動，您會体會到居住環境可以影響身心健康。好的生活環境是可以選擇此其一。

其次談飲食習慣：每日三餐的飲食與健康有密切的關係，多少疾病都是因為過度的暴飲暴食引起，為了貪口腹之欲，而滋生疾病，如三高引起的中風、酗酒引發的肝病或熬夜過度疲勞、吃太多引起糖尿病、不勝枚舉的病變都與不當飲食有關，當然先天遺傳的疾病是例外。古人說：病從口入就是飲食不當。

科技醫學的進步，延長人類的壽命，是人類文明之福，有幸在廿一世紀生活的人，拜醫療之賜，許多過去無法醫治的疾病都能治癒，足見科技對人類延壽的貢獻。

說來運動可以健身之外，其實好處很多，減緩生理機能老化是最大好處。病得少，老得慢對每天運動的中老年人，尤其有實質的效果。年歲漸長，身心健康一年不如一年，常看到老年人行動緩慢、動作遲緩，這是常態亦是無常的必然，人出生從少年、中年、壯年到老年，生理機能逐年退化，從白髮蒼蒼，視茫茫、齒牙動搖到耳漸聾，滿臉皺紋，手不能舉，腳不能走，老態龍鍾，悲從中來。唯有持之以恆的運動，可以減緩。

最後談到心情愉快：任何事情能從正向到逆向思考，改變思想、觀念、行為、變成好的生活習慣，養成豁達、樂觀、開朗的個性，自然天天有好心情，這就是個性決定命運的必然因果。

以上老生常談，人人都懂，但能持之以恆就不容易，我的感想是運動必能減緩生理機能老化，促進身心健康。

寫於二〇一二、一〇、二八

29 教授與學生的對話有感

「水有三種狀態，人生也有三種狀態。

水的狀態是由溫度決定的，人生的狀態是由自己心靈的溫度決定的。」

教授說：「假若一個人對生活和人生的溫度是0℃以下，那麼這個人的生活狀態就會是冰，他的整個人生境界也就不過他雙腳站的地方那麼大；假若一個人對生活和人生抱著平常的心態，那麼他就是一掬常態下的水，他能奔流進大河、大海，但他永遠離不開大地；假若一個人對生活和人生是100℃的熾熱，那麼他就會成為水蒸汽，成為雲朵，他會飛升起來，不僅擁有大地，還能擁有天空，他的世界和宇宙一樣大。」

教授微笑著望著他的學生們問：「明白這堂最簡單的實驗課了嗎？」

「不，這不是簡單的實驗課！」學生們異口同聲地回答水的溫度靠火的加溫達到100℃，而人心靈的溫度則靠「正面的思考、樂觀的心、親友的關懷、溫柔體貼的心、對這世界的好奇心、勤奮努力等等」來加溫。希望今天這篇文章能讓各位朋友們心的溫度升到滿滿的100℃，讓您我的生活變的更多加采多姿。

聰明的人，喜歡猜心；雖然每次都猜對了，卻失去了自己的心。傻氣的人，喜歡給心；雖然每次都被笑了，卻得到了別人的心。得意人前勿談失意事，失意人前勿說得意事。得意時，勿忘陪您走過失意時的朋友。

摘錄網路一篇部分文章如上文，「人生的狀態是由自己心靈的溫度決定的。」心靈的溫度來自好的思想觀念，即「正面的思考、樂觀的心、親友的關懷、溫柔體貼的心、對這世界的好奇心、勤奮努力等等」來加溫。水加溫100℃成為水蒸氣，成為雲朵，他會飛升起來，不僅擁有大地，還能擁有天空，他的世界和宇宙一樣大。」我認為，這是聖人哲人的境界，上善若水是老子的《道德經》第八章第一句，「上善若水，水善利萬物而不爭……」它的字面含義是：最善者的品行，如同水一樣，可以滋養與造福萬物，卻不與萬物爭任何東西……。水有八種特性1.不爭2.無我3.處下4.柔順5.奮進6.寬容7.無怨8.隨和。凡人透過精進修養可達老子所說水的境界，冰的不動如如，形容人生的執著不前，墨守成規，該是芸芸眾生苟且偷安的心態，正是安於現狀的另類境界。

人上百，形形色色，能成聖成賢究竟是少之又少，大多數人能做到水的境界，社會安和樂利、少數人只能自掃門前雪亦能相安無事，您是要做聰明的人，或是做傻氣的人，得靠智慧去抉擇。

寫於二〇一二、一一、一

30 談談——喝酒的小哲理

酒逢知己千杯少，與志同道合的朋友一起喝酒餐敘、飲茶聊天、打打麻將或以球會友都是人生樂事。因為非獨樂樂而是兩人以上的眾樂樂。聚餐的飯局上更是無酒不歡。

中國人喝酒文化與西方人有截然不同，勸酒是主人的盛情，非要客人都喝醉才表現熱情美意，不管烈酒、淡酒東方人是豪暢而飲，但西方人大都是淺嚐可止，達到Enjoy的境界，各喝各的酒，且不勸酒。東方人是品酒變成飲酒，助興變成掃興，看到酒品差的人發起酒瘋，語無倫次、話多聲大、胡言亂語、行為失態，酒前酒後判若兩人，女性比男性尤要謹慎。

午與昔日網球老朋友歡聚，陳學長和國兄提出「多喝少喝，不是少喝多喝」的喝酒原則。仔細思考很有哲理。何謂「多喝少喝」？意指一杯酒多喝好幾次，每次少喝。後面的一句「不是少喝多喝」？意指一杯酒雖然你少喝但一口就喝完，還是喝多。好比喝淡酒，一杯又一杯下肚就累積很多。烈酒因為喝不多，小口小口喝，看似喝很多，其實是少喝。如此解說是否合理？有待喝酒同好討論。

喝酒適量不但可以助興、舒解壓力、聯絡感情、拓展人際等等好處，與好友把酒同歡千杯少，是心情好，但如過量，不但傷身傷肝，還容易惹禍，多少車禍、家破人亡是其一。有酒量而不喝，沒酒量而有膽，都是自我克制的修養，能把喝酒變成品酒的藝術就是學問，請問您能做到嗎？

寫於二〇一二、十一、九

31 談我喜好麵食

我是本省人，說不上原因卻喜歡麵食，如麵條、饅頭、包子、小籠包、水餃、蒸餃及各種蔥油餅、韮菜盒子，尤其如家常麵或山西刀削麵，麵疙瘩，吃起來有嚼勁，廣的來說麵粉製作的食品都喜好，到土耳其看到又長又大的麵包，在飛機上供應的圓型小麵包都是我的最愛。也許我的前幾世都以麵食佐餐。

應該是軍校四年中吃了不少饅頭、包子、麵條，後來部隊調到金門有幸吃到配給的牛肉罐頭煮麵條，如今仍回味難忘，那是四十年前的往事，調回母校服務再也吃不到外島才有配給的牛肉、豬肉罐頭。那天在陶然亭餐廳吃北平烤鴨，麵餅包鴨皮、肉加蔥加甜醬的美味，也少不了一張小餅，去過以色列，見到大餅包肉加蔬菜的家常風味菜，嚐來很有特色，士林夜市有名的大餅包小餅因為是油炸，非我所愛。在陶然亭樓下看到賣的是東北蔥花千層餅，一包五十元，冷、熱吃來各有不同口味。回家後告知好友唐sir，隔兩天他特地為我做了三個大餅分別是東北蔥花千層餅、芝麻發麵餅、烙餅。

東北蔥花千層餅，吃起來又香又Q加上蔥花是人間美味。芝麻發麵餅亦簡發財餅，麵香十足。烙餅源於伊朗，往下傳到印度，稱甩餅，傳到中國稱為饢子或烙餅，其特色是外焦黃內嫩，口感極佳，中東地區百姓配牛羊雞或豆腐成為主副食。另外槓子頭又硬又有咬勁，是登山客或行軍最好於乾糧。

中國南方米食，北方麵食，因產地糧食成習，臺灣只產稻，故以米食為主，進出口便捷的航運、海運，使世界各地的農產品蔬果互通有無，最近吃到智利又大又甜又便宜的蘋果，常買到遠從北歐運來的冰魚、吃到祕魯的大蒜、日本北海道的秋刀魚，市場上看到許多國內沒有的食物，居然是來自地球的另一端，不得不懷疑要吃季節性蔬果及方圓百里食物的安全性、食用性及適應性。談麵食，拉雜的一些聯想。

寫於二〇一二、一一、一五

32 談語言文字的力量

臺諺：「心壞無人知，嘴壞最利害」。（以臺語發音最能銓釋。）有感於許多人因為講話不得體，或寫文章攻訐，惹了許多是非、恩怨，真是得不償失。之故我很推崇星雲大師提倡：「做好事、說好話、存好心。」三好運動。並時時以此自勉。

看到社會上有些人，逞口舌之快，或寫文章批評別人，惹禍上身，不得不提醒自己要謹言慎行。嘴不要亂說，筆不要亂寫。過去許多知識分子對國事、家事、天下事，因口誅筆伐，遭受到牢獄之災，付出慘痛代價，如今雖然言論自由，但資訊傳媒宣染下，往往危言聳聽，大者造成社會傷害，小者損害個人的人際關係（人緣差），雖是無心之過，但已造成傷害，難咎其責。尤其是知識分子、專家學者，要為自己的言論、文字負責。知識分子越位的言論是最大的錯誤，因為隔行如隔山，自己非萬能。

所謂「一言興邦、一言喪邦」。今天資訊發達，網際網路無遠弗居，言語、文字的傳播性、排他性立即呈現，對與錯、是與非，社會正義自有評斷，我們何苦多文、多語？失去理性的話，如情緒不好或氣頭上的語言，最易傷害親情、友情、甚至夫婦之間的感情、男女之間的愛情。不得不深思。

思想有兩種特性，傳播性、排他性，語言與文字是代表思想，因此在立的方面，有宣傳性、表彰性，在破的方面，有批判性、駁斥性，思想在理論上，介於立與破的相對性，一句話可以正面、負面解讀，如何讓別人聽到不誤解、不誤會，看來是大有學問。

寫於二〇一二、一一、二三

33 閃腰之苦有感！

上週五下午，久坐電腦前長達兩小時，起身不慎閃了腰，一時疼痛，腰都直不起來，試著下樓走路運動，仍感到不適的酸痛，老唐見狀，建議我先熱敷，不疑有他，晚上熱敷後仍疼痛不止。翌日到附近一家復健科看診，醫生為我針灸、冰敷、電療。才恍然覺察，受傷要先冰敷（三天），以防止微血管出血，三天之後再熱敷，普通的醫學常識，竟然一時不察，犯了大錯。

提起這家復健科診所，數月前大費週章裝璜（花了數百萬），加上購買儀器又花數百萬，最貴的是數千萬購屋，真是大手筆的投資，開張一個多月來，求診病患門庭若市，嘉惠整棟住户以及毗鄰而居的村里民，蠻以為復健是老年人的專利，殊不知看診的病患，老、中、青、少都有。尤其輕度中風、手腳扭傷、意外跌倒以及坐骨神經的頸椎、腰椎等病痛，才發現不健康的生理疾病有多少？有幸的是離家不到五十公尺，一次看診附帶六次復健療程，院長規定榮民免掛號費（住忠誠、精忠、蘭雅新城）都受惠。

復健三次已康復，但為保健仍持續做完六次。幾天的腰疼，才珍惜沒有病痛的可貴，感恩的是到目前我的視力、聽力、腿力、體力、腦力都還好，這要歸功於數十年來規律的軍旅生涯，養成好的生活習慣，以及退休以後有恆的運動。

註解：復健治療的項目包括有：網球肘、高爾夫球肘、肌肉拉傷、扭傷、運動傷害、媽媽手、板機指、腦中風後遺症、骨折術後復健、體適能諮詢、體重、體態管理、肌肉關節超音波檢查、肩頸酸痛、五十肩、退化性關節炎、關節玻尿酸注射、頸、腰椎骨刺、上下肢麻痛、下背痛、坐骨神經痛足底筋膜炎。

34 談思想行為的轉化

蘭學長覲生在一次電話談聊中，說了這句話：「要一個享有悠遊卡半價的人，改變其觀念是很難的。」我廣義解讀此話：要一個上了年紀的人，去改變其思想、觀念、行為、個性是比登天還難。記得有人提起，社會上有三種人很固執，軍人、老師、還有公司老闆（如董事長、總經理、律師等）因為職業上、職位上、專業上總是較具權威性，要這些人從善如流也往往是比較困難。

人的思想產生行為，日積累月養成習慣，慢慢就成他的個性，個性就決定命運。俗話說：心態左右行為，行為養成習慣，習慣決定性格，性格影響命運。思想是一種信仰，信仰就是力量，可見人的念力、潛意識或宗教的力量是無遠弗屆，不可限量。如想要改變一個人的思想是難上加難，宗教信仰即是。

臺大前校長傅斯年當年是五四運動學生領導人之一，當初是反對儒家思想、孔孟文化的舊文化、舊道德，主張提倡新民主、新科學，認為中國傳統文化阻礙社會進步，要破四舊、廢文言文、民國三十八年當了臺大校長，規定學生必修孔孟思想的四書五經，錢思亮先生為此不解，傅斯年回說，當年十幾歲年紀，如今五十而知天命，思想轉變了，這就是不同年齡有不同的想法、看法。人的見解會變，價值觀也會變，我結婚二十年後才學會打麻將，之前很厭惡打牌一事，後來學會不但喜歡還迷戀多年，最近半年來已不再參與四健會，（久坐對健康有害）可見學習的喜惡是會不斷改變。人從小到大，受到家庭、學校、社會教育與大小環境的影響，思想、觀念、行為都會轉變，變好變壞就要看個人認知的需求，很難論斷是非、對錯。

今舉兩例說明人與人相處的最高藝術：

美國友人返臺定居，閒聊中提及，當年在異國完婚，兩人來自不同國家、不同社會背景、不同生活習慣，要如何共同生活一起？因為人不可能十全十美，之故彼此協議，互相包容缺點，欣賞優點，婚後相處愉快，很少爭執。第二例：代春兄曾說：當年與鳳珠嫂結婚時，彼此講好不改變對方的一些習性，因為婚前生活在不同的兩個家庭，婚後要求對方合乎自己的生活習氣是很難的。彼此慢慢適應，求同存異，有此共識，就容易相處。個人很欣賞這樣開明的溝通與豁達的共識！今天的您做到了嗎？

寫於二〇一二、一二、六

35 經營部落格的一些感想

第六屆同學會長當選人華淼兄囑我接下十四期 blog 負責人的重擔，頭銜是資訊長（一官半職），雖然一口答允，但我深知是件苦差事。（吃力不討好的工作）

十一月底請人指導下成立57復興崗，延續復興崗二〇一一任務，為了簡單化、單純化，po文內容原則以同學的聯誼活動、餐會喜宴、藝文彩繪、愛國政論、每月壽星、會務公告、旅遊散記、保健養生、陸續將加入幽默小品、世界風光等報導。目前每週上傳一篇同學的文稿，逐漸可以增加二至三篇，讓自己不要久坐在電腦桌前。

十二月三日為了po遠雄兄與代春嫂兩篇文圖竟然花了四個多小時，才知道文與圖是兩種不同屬性的內容，要分開來張貼，就像主食的米麵不能與副食的菜餚同時存放，如此比喻是否恰當？這都是學習過程的體會，纏解論語31子曰：生而知之者，上也；學而知之者，次也；困而學之，又其次也。困而不學，民斯為下矣！所謂困而學之，一點也不假。三年前無心成立兩個屬於自己的部落格，儲存喜歡的文圖，半年前自我要求每週寫一篇隨筆，讓思緒可以流暢，雖然不善文詞，但當成自我成長的感想，亦不怕見笑。

提起接觸電腦，從基本的 E-mail 傳送到文圖的存檔，到部落格的 po 上文圖，都是自我學習，兒女是指導老師，社大的免費電腦不敢報名，自尊心使然，怕學了跟不上，有失老臉，只好不恥下問，幾年來從資訊中體會到終身學習的樂趣，每天打開電腦四個 E-mail 信箱滿足我的求知，深怕遺忘隨時筆記，受益良多，分別介紹許多好友，設立電子信箱，分享喜悅，今後兩年，為同學服務，現買現賣，不週之處尚祈同學友好多予指導。

二〇一二、一二、一三　寫

36 談採買的經驗分享！

退休後向還在職場上班的內人，許下承諾，角色互換，我負責家事，舉凡家庭主婦的一切工作由我代勞，如採買、洗衣、燒飯、做菜、家務的清潔工作，全部包在我身上，十幾年下來，也甘之如飴，做菜從初學到也差強人意，尚且可邀朋友來家便餐，雖非美味可口，但保證少鹽少油少糖更不加味精，清淡雖然不好吃，但吃得健康。

採買學問可大，只好邊買邊問邊學，知道黑毛豬肉比白毛豬肉好吃，價格也貴些，不買公豬肉是有腥騷味，母豬肉當然就貴些，這是豬肉販告訴我的。豬肉最好吃的部位稱為松板肉，肉質不油膩，因量少價貴（註）。羊肉相反，母羊肉有腥騷味，價格也便宜些，進口羊肉去皮，本地羊帶皮賣，口感較佳。雞以放山雞及土雞口感好，飼養六至八個月以上，肉雞大部分吃有增長激素賀爾蒙的飼料，約28至38天養成，通常只買放山雞。買魚蝦新鮮否？看魚眼很亮沒凹陷、魚鰓鮮紅，肉質有彈性，深海魚大多是冷凍出售。買青菜以當季最好，有一次買青椒，菜販說硬皮的較便宜，軟皮的口感好，較貴，看來與供需價格有關。買雞蛋時，蛋販說挑選越小的蛋，營養價值較高，因為年輕的母雞體力、活力、精力都比老母雞好，老母雞生的蛋雖然很大，但蛋黃蛋白滲了許多水分，煎荷包蛋時，可以驗證小的雞蛋比較凝結，蛋殼要粗表示新鮮，這些常識是我請教賣蛋的專家告知的寶貴經驗。生活處處是學問，可見一斑。

＊家事是做不完的差事，沒做過的人是體會不到的。內人於兩年前正式退休，家務事仍然我負責，本著活動活動要活就要動的理念，樂此不疲，樂活當下。

寫於二〇一二、一二、二十

註：雪花肉又稱為松板肉取自豬隻頭、頸間的部位，每頭豬所能生產的「松板肉」只有兩片，每片約有200-300公克，肉質比其它部份鮮嫩許多，肥瘦相間，卻肥肉不膩、瘦肉不柴，還嫩中帶脆，是所有豬肉中口感最好的。

37 人生不能炫耀的幾件事

人的一生說長嗎，也只是數十寒暑，從小到大體會出一些道理，不一定能講清楚說明白，但個中哲理必有因果，因為人在有為法的世間，就是跳脫不了：「無常變易。」日常生活中有太多的實例，只略舉三件提供淺見如下：

一、財富：錢不能露白，易遭搶劫，同理不要張揚自己的財富，容易受到有心人的覬覦、觀望，而起盜心，重者遭謀財害命、輕者遭偷竊傷身。社會新聞屢有報導。

二、年齡：上了年紀的人，忌諱過壽，聽說大費周章、敲鑼打鼓的慶生，會驚動閻羅王，查閱生死簿，提醒被遺漏的名單，很快被點名報到，雖然無稽之談，說來迷信，但現實社會中，有許多人做壽不久之後都辭世的案例。說是巧合，寧信其有。之故，年齡不僅是女人的祕密，更是上年紀人不願透露的原因。大陸有句俗話：「73歲、84歲閻羅王不找自己去」。順便一提，健康的人，也不要鐵齒說自格從來不生病，講完通常就不健康，甚至一病不起，世間事就如此玄而又玄。與此有關的就是健康，上了年紀最怕躺臥病床上，不僅造成家人的負擔，健保醫療、社會資源的浪費，也帶來自己精神上的痛苦。

三、才華：廣義的說是指能力、專長等。職業上的才華，眾人皆知，不能隱瞞，除此有些人會做美食、會煮咖啡、會做壽司、會喝兩杯，往往帶給自己額外的忙碌與傷害。一友人到日本料理店打工，壽司名師免費傳授如何做好吃的壽司，友人知悉，每次聚會必請他做壽司，自己為做壽司的忙碌服務而無暇參與聊天盛會，害他不敢再提有此專長。有人很會喝酒，友人紛紛敬酒，應驗一句名言：了不起的人，最後是起不了。這是能力帶來的困擾。只只例舉一二，可見一斑，並非絕對，但是相對。

以上所談，但見於生活週遭，避免受到傷害，但求保身，有能力有才華為眾人服務一樂也，如果造成自己的負擔，則量力而為。不要太張揚。您以為呢？

寫於二〇一二、一二、二七

38 談年輕人的生活品德教育

一般人講生活教育，實際包括公民素養、品德教育、倫理道德等，從孩提時的家庭教育，到讀書上學後的學校教育，進入職場的社會教育，這三個階段，從有形的學校教育到無形的社會教育。三種生活層面都有不同程度的影響，對人一生的人格養成，是彼此互為消長。

回顧初中時有公民教育，強調五倫及品行道德教育，高中必讀中國文化基本教材，由國文老師傳授論語、孟子、大學、中庸，四書五經，講解為人處事的基本道理。進入大學仍然有國文必修的儒家思想，老莊哲學等，但人格養成教育已趨定型，改變不大。這都是五十年前的回憶。如今學校教育是否還重視這些？

個人認為小時候，父母親家庭教育非常重要，耳濡目染的身教言教，影響深遠，學校教育能五育並重，就可以培養德、智、體、群、美均衡的人文素養，可惜升學主義壓力下，只偏重智育，EQ能力的培養欠缺，使人與人之間的人際關係疏離，成為目前教育最大的弊端。

我們三、四年級以上的年齡（註），從小未進入私塾，對三字經、千字文、朱子家訓、幼學瓊林、昔時賢文、弟子規等古書未曾涉獵，說來許多人從所未聞以上書目，我退休後到社大選修心靈哲學課程，才接觸到私塾這些書籍，發現這是最好的生活品德教育。如今許多宗教團體，大力推展這些進德修業的古聖賢書。如弟子規全文 1080 字，具體講述青少年在家、在外、待人、接物以及在學業上應當遵循的行為道德規範。如今孩童都沒有機會熟讀，誠為一憾！

今晨例行徒步健行於雙溪河濱公園，雨農橋下附近，又見跨年烤肉的年輕人，紙杯碗盤隨地丟棄，烤架木火污染地面，公園管理處清潔人員，裝滿一袋又一袋的垃圾，顯見缺乏公德心，也是生活教育的失敗，童子軍露營守則臨走要滅跡的規定全拋腦後。我要建議當地管區員警、村里長，每逢佳節要巡視轄區，先行勸導，責成負責人，做好復原清潔善後工作，養成維護美化環境人人有責的美德，才能提升生活品質。

寫於二〇一三、一、一

註：三年級指民國三十年，四年級指民國四十年以此類推。

39 談網路手機與生活

使用手機的人，帶來生活上許多的方便，尤其時下年輕人，手機無限上網，成為「機」不離手的低頭族，在捷運上、在公車上處處可見。因為手機可以上網、發簡訊、看臉書、玩遊戲，確實成為日常生活中不可或缺的隨身物。htc 智慧型手機出現後，學生成為電信業的黃金客戶，省吃儉用也要買手機上網，每天沉迷於電子信箱與電玩中，這是資訊網路帶來的方便與困擾，有 Call 必回，成為時下談情說愛最便捷的工具。如（視訊）。

上了年紀的銀髮族，顯然排斥新型手機複雜的操作，個人新換 K-TOUCH 手機，享受隨時上網的樂趣，除了相對付更多的費用，常因操作不熟練，隨時請教子女，就如電腦一樣的麻煩，這正是年長者與年輕人最大的不同（代溝）。

Face Book 成為時下流行的網際傳輸工具，沒有穩私，只要你 po 上文圖，人人可以自由點閱，也可以轉貼，今舉兩案例提供參考：

其一：

友人將唯一女兒從澳洲送到捷克布拉格一家音樂學院，媽媽無意間在臉書中發現女兒交了一位男朋友，竟然是韓國人，在極力反對下，女兒答應不與男朋友往來，不久之後他媽媽在女兒朋友臉書上，發現仍然有一起出遊聚會照片，足見透明化的臉書，毫無隱私。

其二：

兒子經他姑媽介紹一女友，兩天後家姐打來電話稱：女孩子看到兒子臉書上有許多女孩子與之合影，一向很純樸的女孩，交往的意願大打折扣，我責怪兒子才見面一次就坦白太多，兒子竟然回說：彼此交換 E-mail 自然就曝光，說的也是，除非不上臉書。以上兩個實例的流弊，正可以說明網路的無遠弗屆。

我非常佩服資訊網路世代，至今仍不使用手機的人，不使用手機，生活比較單純，不使用電腦，資訊相對不足，各有利弊得失，年紀大的長者，子女為方便連絡，提供手機追蹤其行動，只要會使用撥打接收，就不會發生迷路失蹤的困擾，此為資訊的好處。使用手機習慣的人，時時刻刻都依賴它，沒有它的相隨生活亂了步調，不知您一天沒手機、沒電腦的日子怎麼過？

寫於二〇一三、一、一〇

40 談無常

一、按字義上說：無是沒有，常是固定不變。就是宇宙一切事物沒有固定不變的。講一件事情或一個物體，是不會永遠保持同樣的狀態，而不起變化，此乃有為法的世間（界）普遍性、必然性、永久性的定律。也是世間的真象，必受時空的限制。

二、無常本自然：佛法說剎那即永恆，永恆亦無常，無常是好也是壞，人生因為有無常才會珍惜。如生老病死是偶然、是當然、是突然也是必然。

三、無常：一切事物是因緣所生，漸而敗壞，漸而如：伊斯蘭教指死亡是黑白無常，佛教的陰間神祇，掌管緝拿鬼魂。有生有滅，有成住壞空，生住異滅都是正常。

四、世間的所有一切都離不開「創造、持續、變化、毀滅」從因緣生，到因緣滅，宇宙時空是無常，由不得我們，如日出日落、刮風下雪、樹會成衰、蟲鳴鳥叫，一切都是無常也是正常。

五、無常就是變易（萬物的定律）：人有生、老、病、死；宇宙萬物有成、住、壞、空；情緒上有喜、怒、哀、樂，心理上有生、住、異、滅。過去心、現在心、未來心，都不可得。

世間什麼都可以改變，因為無常，我有希望，我有未來，我可以改過，我可以進步。小至一個人，大至一個家庭、一個社會、一個國家、甚至地球、宇宙大地時時刻刻都在改變，在在說明我們置身於大小環境時空的限制下，要歷經更大更多的無常變易。達賴喇嘛談到無常的名言：「誰知道意外與明天何者先來」。佛諺常說：「誰知今天脫了鞋子，明天是否能穿上它」。我尤喜歡金剛經：「一切有為法，如夢幻泡影，如露亦如電，應作如是觀」。這句話對無常的詮釋，最為真實。

釋迦牟尼說：『無常』，是說人生變化不斷，輪迴，循環系統，花果苗樹，春夏秋冬，白天晚上白天……生與死，無常態，一直變。易經之謂「無常」乃宇宙萬有雖然廣大而複雜，但就這通義而言，皆是無常而已。綜合以上論述，相信您我對無常必有更深一層的體悟。

最後引用梁啓超在他的家書裡寫的一段話……其實我們大家都是在不斷再生的循環之中，我們誰也不知道自己一生中要經過幾次的天堂和幾次的地獄。重要的是活著的時候，心理常有天堂的人，死後可能上天堂；在有生之年心理常有鬼的人，死後也可能下地獄。做為結語。

寫於二〇一三、一、一八

41 談對錯的條件

俗說：天下事沒有絕對的是與非；對與錯，因為凡事物乃相對，而非絕對。何況抽離時間、空間及地點的事事物物，就會產生對與錯冏異的認知。此話怎說？時間可以改變對錯、空間同樣可以決定對錯、地點更可以判定對錯。因為對錯是受外在人、事、時、地及對象底（物）影響。所以時間加上空間又牽涉到地點就很難定論對錯，過去對的，今天可能錯，以後又可能對，對與錯只存在於當下的時空環境背景，跳脫時間、空間、地點的主要條件就很難論定。以下舉例說明之：

其一、民國三十六年二二八事件，民國六十七年美麗島事件，當年多少人被無辜殺害，多少人被判刑服監，前者如今國家元首公開道歉，國賠受害家屬，後者當年受刑者出獄後，不但不影響身後前途，擔任國家行政首長者大有人在。事隔半世紀之久，再論是與非、對與錯其實是時空及地點的倒錯，當年戒嚴時期，政府的處理是正確的，如今解嚴後談民主、講人權，才感覺當年未尊重人道的對錯問題。分秒生死一瞬間的車禍，是最明顯的時間對錯，搶紅燈的交通違規亦不例外。

其二、空間的改變：冷凍食品可以保鮮維持很久，遠洋捕獲的魚蝦長達半年甚至更久，仍然很欣鮮，我們食用的東西不因時間的長久而腐敗，是因為冷凍的空間保存，任何東西放置於真空或外太空都沒有重量，是因為沒有地心引力產生的現象，空間的改變是決定對錯的主要條件，無庸置疑。

其三、地點改變：如風俗習慣、許多國家的法令規章、因地制宜的禮俗，同一事件發生的地點不一樣，犯罪的輕重不同，美國許多州法律就犯罪事實的認定就有很大的不同，婚姻的認可亦是如此。好有一比，居家穿著睡衣不妨礙，行走到室外就失禮，游泳池上穿泳衣，行走於街上就不宜，為何國際禮儀有穿著禮服規定，因為宴會地點禮儀規範，大家共同遵守，成為傳統。

昔日教學相長中，我常說：「行為本身沒對錯，只是適宜與否？」同一行為在不同時空地點就產生：適宜為對，不適宜為錯的概念。如赤著身子走在街上是妨害風化，在家中的同一行為卻自由自在，生活中有許多事物的認知亦是如此，其實主觀的認知及客觀外在環境等因素，都會影響對錯的判斷，瞭解後就能釋懷，不要常與人爭辯是非、對錯，才能做一個受人喜歡的人，這是修養也是智慧。共勉之！

寫於二〇一三、一、二五

42 談快樂&幸福

多數人將快樂以為是幸福，將幸福認為是快樂，其實兩者是有差別，幸福的人必然是快樂，但快樂的人並不一定幸福。

講到快樂Joy：是偏重於外在的有形物質，是有得的，通常是被給予的，是客觀的，是外求的，是短暫的。如朋友請您吃飯享美食，請您打球談生意，請您喝咖啡聊是非，看電影聽音樂，打麻將連絡情誼，或相約一同旅遊，這些期待中的快樂，在在都是眼睛視覺、耳朵聽覺及口中味蕾、身心觸覺的享樂，屬於大家相聚的快樂，比較有熱絡的氣芬，期待中及吃喝玩樂的當下中感到快樂，但當曲終人散，快樂隨之也消失無影，只留下美好的回憶或一臉的悵惘與失落，這些有形的快樂，往往要花費金錢換取。

而幸福卻顯然不同，Happiness：是偏重於無形的精神層次，是主觀的認知，是求自內心（情與理融和的心靈狀態），是比較長久的，是無得於外在有形的物質，它是追求於自我滿足感。

通常如家庭美滿，妻賢子孝，或屬於宗教信仰的平安喜樂，身心靈得以安頓，或好的人品、人緣以及人際觀係，一般非金錢所能獲得的。當然花錢可以博取更多的人緣、人際關係，但非絕對。

記得二十幾年前，有人提出一個問題，為何小孩子大多數人都不快樂，眾多人都答不出真正原因，談的不外是少子化，沒有兄弟姐妹玩伴、升學的功課壓力大、沒有自然環境可以像我們三、四十年代童年，玩泥巴抓魚鳥等，柴松林教授的答案最言簡意賅他說：「因為現代的父母讓小孩子容易得到滿足」。當孩子的需求（情感與物質）都很容易得到時，他就不會珍惜，且失去了期待的快樂。這個問題目前更是普遍存在。我說認知期待的需求得到滿足就快樂，但期待中的快樂往往超越得到享受的快樂。每一個人認知的價值觀不一樣，享受快樂也不一樣，如愛好音樂、藝術的人，當他有能力時，願花許多金錢及時間排隊買票或買一幅畫，一般人卻寧願花這些錢去玩樂。我認識一位退休的老師，他捨得在杜拜，體會黃金打造的衛浴設備，一宿十萬元臺幣，您我相信捨不得，社會中形形色色、奇奇怪怪的事，日常生活中到處可見，因為每人價值觀、認知需求不同。快樂與幸福是一體兩面，相輔相成，很難去區分。以上只略談個人淺見，是否正確？還要多予指正！

二〇一三、一、三一　晨

43 談理由&原因

當您朋友問起您為何約會遲到？您回答的是理由或原因呢？中文講理由是主觀的、內在的，是自己的說詞，而原因是客觀的、是外在的，是不能掌控的，兩者是不同。理由的英文是 Reason 而原因是 Case 顯然有別。

進一步探討兩者的差異，您上班遲到，同事問您何因？您編了許多理由其實有內在的因素加上外在的原因，如鬧鐘未響致起床晚、睡過頭，這是主觀的內在理由，外加上班尖峰時間必然睹車或交通事故（車禍）無法預料的外在客觀因素，前者可以判斷，因上班人多必擠車，後者無法預料意外什麼時間會發生。

要詮釋這兩者的深化程度以科學、哲學及宗教三者來說明比較能清楚：

一、科學：求真．求善．求美，人類用理性的態度來探索特定對象事物的直接原因和理由。1+1=2 這是不變的，可以用科學加以印證的法則。

二、哲學：人類用理性的態度來探索特定對象事物的間接原因和理由。進一步追求萬事萬物最後形成的原因和理由。

三、宗教：以信仰來探索宇宙萬事萬物，彼此互動之間最後的原因和理由，往往是超越理性，以認知的信念來說明宇宙存在的許多奧祕，以科學的方法，哲學的思維，都無法驗證時，一些物理學家、心理學家、科學家就認為冥冥中有神在主宰宇宙的一切事物。如此說來這三者之間的深層是以宗教為最，以哲學次之，科學又次次之。以上從理由&原因來說明兩者的分際，是否正確？就教好友。

寫於二〇一三、二、七

44 莫言的一席話

我們應該用我們的文學作品向人們傳達最基本的道理：

*譬如房子是蓋來住的，不是用來炒的；如果房子蓋了不住，那房子就不是房子。

*我們要讓人們記起來，在人類沒有發明空調之前，熱死的人並不比現在多。

*在人類沒有發明電燈前，近視眼遠比現在少。

*在沒有電視前，人們的業餘在時間照樣很豐富。

*有了網絡後、人們的頭腦裡並沒有比從前儲存更多的有用信息；沒有網絡前，傻瓜似乎比現在少。

可見科技的進步帶來人類的災難，將與日俱增。君不見在任何場合中，捷運上、公車上、餐飲中，見到低頭族，上網看資訊、聊天、玩電腦遊戲，而忽視了親情、友情、愛情，言語的互動少了，證明人與人漸形疏離，將來學生上課人人一台電腦，寫作業，交報告，帶來的方便卻相對的不便，停電時，所有銀行的存放款作業即刻停擺，靠資訊的時代是高效率，但一旦電訊中斷，生活許多的不便產生困擾是，人人都成了生活的白痴。應驗了愛因斯坦當年曾說：「我擔心有一天科技充斥世間時，世界將僅剩下白痴的一代。」一言成讖！

我很佩服一些中老年人，趕上資訊時代，使用智慧型手機，還操作 ipad，也很服氣目前仍不用手機，不用信用卡消費的人，雖然單純，但享受不到資訊時代的便捷。凡事過與不及都不宜。看到去年諾貝爾文學獎得主莫言的這些話，有感隨筆於二〇一三、二、一〇年春節

45 科技進步，改變了人的習性

——由智慧型手機的聯想

友人春節從日本打了一通拜年的電話，問我有使用 line 否?回家後問兒子才知道，上網的智慧型手機，可以免費享受聊天的軟體。即刻下載安裝，學習使用，今天試著回友人傳來的許多簡訊也會立即拍照傳送圖片，學會的喜悅，讓我觸動寫此文的動機及一些感想。

的確；誠如愛因斯坦所說：「我擔心有一天科技充斥世間時，世界將僅剩下白癡的一代。」雖言重了，但細加體會，確實有些道理。尤記得六十年代，黑白電視在臺問世，家中有臺電視，驚動左右鄰居，爭相走告，看電視成為日常生活中，很重要的消遣，彩色電視相繼出產，滿足視覺的享受，經過四、五十年後的今天，超薄的液晶電視取代了傳統電視，不久的將來牆壁、辦公桌都是現成的銀幕，手機目前已可以收視電視。科技的進步，人的許多習性也跟著改變，七十年代厚重的電腦，到九十年代被平板電腦所取代，早期的錄放影機從小帶子到VHS大帶子，從CD片VCD到DVD，幾十年的迅速改變，顛覆傳統，照相機從裝底片，已被數位型的晶片取代，有名的柯達、富士軟片公司強迫轉型，過去在電視機前的電玩，已轉換於平板電腦及ipad、iPhone手機，使目前的年輕人沉迷於電視劇、E-mail、電動遊戲、傳簡訊等，人可一機，隨身攜帶，成為名副其實的低頭族。

人可以改變環境，環境可以塑造人的習性，科技的產品深入了人的生活中，很少不被影響，除非離群索居，年輕人最能跟上時代的腳步，年長者執著成性，比較不易接受新的事物，但時代在變、朝流在變，沒有不變的無常，隨著智慧型手機的研發，從傳統手機，到目前多功能用途，最新的iPhone5（註記），年輕人都可以追逐。貴的手機兩、三萬元都是時下年輕人的最愛，它是一臺行動電腦，功能是照相、錄影，傳簡訊、看、傳E-mail，line、看影片、下載歌曲、fb點閱、捷運刷卡、年底前可使用刷卡購物、等方便。

低頭族是因為迷於資訊的讀取，一旦使用智慧型手機，不成為低頭族都難，這兩天我的體會。值得警惕的是手機上朋友滿天下，有交集者沒幾人，缺少那見面互動的真情，您說是嗎？

寫於二〇一三年初四

46 職業無好壞，無高下

——從空服員談起

日常生活所接觸到的行業，以服務業者居多，昔日以士、農、工、商的行業隨著時代的變遷、社會的潮流，在價值觀上有許多的改變。

以服務業的角度看男女的工作，雖然同樣性質，但身分、地位到待遇就有別。舉例來說，空中少爺、空中小姐他們的工作是，為飛機上所有乘客，提供安全舒適的服務，包括餐盤飲料送取、機上清潔等等，在餐廳服務的人員亦做同上的工作，但在待遇上就有很大的落差，前者月薪比後者高出一至三倍，究其原因不外是條件好，年輕、學歷高、會說多種語言、加上身材、儀態等較高標準的能力，從眾多報考者甄選，考試錄取，經專業訓練等等。一般餐飲業的錄用條件就沒有這樣的限制。

許多行業以待遇的高低來評論其價值、好壞，這是錯誤的觀念，事實上任何工作只從勞心勞力來分別，當然要有職場專業的能力，選擇自己合適的工作，職場有別是社會分工的必然，任何人不能以所得的多寡判斷其價值。可悲的是社會價值觀被「笑貧不笑娼」的現實所扭曲了，過去賺錢的行業在風水輪流轉「十年河東轉河西」下，已經有很大的轉變，以醫生為例，如今最夯的行業整型醫師、牙醫、精神官能科、獸醫，餐飲業的廚師、麵包師、調酒師，都因應環境需要而成為大家羨慕的行業，無他，能賺大錢！之故，職業無好壞、高下。端賴「歡喜做、甘願受」。當然能力所及，無怨無悔，只能安其分，私下羨慕。您說呢？

寫於二〇一三、二、二八

47

打球憶往

——網球、羽球、高爾夫球

記得高中當年只有軟式網球，那是一九六〇年代，學打網球除了老師之外，我們當學生偶而能上場練習是很難得的，復興崗四年的學生生活，記憶中沒有網球社團，究竟何時硬式網球才流行？沒什麼印象，只記得七十年代學生的體育課就有網球教學，學校與建好幾面pu網球場，時任隊職官的我，開始有機會與體育系的老師學練網球。那是民國六十九年的往事。

學會打硬式網球後，先後買了碳纖維、鋁合金，到碳鋁合金複合材質，一体成型及鈦合金等材質的網球拍，價格在三千至六千元不等，當年算來是花費不貲。還好網球拍不易毀損，只要換線花錢較少，一筒球要八十元算是經常的開銷。打網球從七十年到八十七年，前後長達十七年，退休前每逢週六下午、週日上午都在網球場上揮汗，甘之如飴，打圓之後的四健會，詼諧戲稱：「打圓後打方，一動一靜」，達到身心健康。

民國八十四年退休後，因地利每天打羽球，當時住居文山區興隆路，徒步登仙跡岩只要十五分鐘，山上許多羽球場，練耐力爬山，練體力打球，八十七年遷居士林，才中斷羽球運動。承蒙網球的劉先生鼎龍夫婦，熱心指導幾位同學有代春兄、瑞華兄練習高球揮捍，因緣際會下學會打球，算是高球的啓蒙老師，後來由網友程將軍裕清大學長的引荐下，八十七年我參加長春球隊，開始接觸小白球運動，球隊每月安排林口球場球敘，球員迷球幾乎風雨無止，每年球隊舉行國內外各一次旅遊球敘，以東南亞為主，先後到過泰國、緬甸、越南、馬來西亞、印尼、沙巴、巴里島及大陸雲桂等地方，臺灣北宜蘭、東花蓮、中部清泉崗、南嘉屏都有我們的足跡，前後有十幾年的球隊旅遊及球場歡笑，帶來許許多多的身心快樂，可惜球隊無常，因緣起因緣滅，已於民國一百年結束，球員只能零星參加球敘，人是有惰性，球隊的規範容易參與，否則您就缺乏那份打球的意願。

隨著年齡漸長，較劇烈的網球、羽球都不適合中老年人，雖然網球到八、九十歲仍可以上場，但同年齡球友難尋。回憶三十幾歲開始打網球、羽球，五十多歲打高球，在青壯年時期有如此好的健身運動，說來是福氣，若沒有很好的場地是很難持之以恆，因獨厚於一直在學校服務，在母校二十一年，後來到臺大服務，享受天時、地利加上人和的許多條件吧！

寫於二〇一三、三、八

48 等待的

——喜悅、痛苦、無奈

人的一生，就求學過程來說，從小到大都是一連串的等待，期待上幼稚園、等上小學，升國中、讀高中、考大學、進研究所碩士班、博士班等。有形的學校教育告一段落，等待的求職就業，成家立業，開始步入人的一生。

很不幸的，歲月在等待的過程，漸漸的消蝕了青春、由年少步入青壯年，悄悄進入中老年人，逐漸邁入衰老，老死。

說來人生是從出生後，開始邁向死亡，如果看結果是一樣，可能就失去奮鬥的目標及努力的動力，人生要能活得精采，應是成長過程的等待，所帶來的喜悅與希望吧！等待的快樂、痛苦、無奈，端在個人起心動念，正向或負向的心態。

生活中常見的等待（排隊），如看電影、看球賽、看名人、聽名人演講、演唱，到餐廳用餐、買美食都樂於排隊等待，因為可以立即得到身心上，物質精神的滿足，這是心甘情願的等待；生活中也有許多無耐的排隊，如門診看病的掛號、看診、估價、取藥一連串的等候，又如出國旅遊，不可避免的排隊取票、托運行李、取行李、入出境繁瑣的通關檢查、等候排隊上機或轉機等等的無耐，或等待有人遲到的飯局、牌局都是很平常可見的無奈。

個性比較急的我，不喜歡排隊的等候，家附近天母齋，蟹殼黃馳名，開店上、下午兩個時段，兩個小時就賣完，總是排長龍等候出爐，慕名而來者很多，我願預訂取物，也不願排隊等候此其一，上海世博展，中國館、日本館排隊逾兩小時，就是大排長龍亦大有人在，我只好選擇冷清的館逛遊，此其二，凡是排隊等候購物、享美食、看展覽都引誘不了我，每次參加臺大登山社，我寧願最後幾位才簽到，生活中避免不了許多排隊等候，此其三，略舉以上，當然我是可以選擇較少的、不必要的排隊浪費。

資訊發達的現在，可在網路預訂機票、高鐵、各家餐廳訂位，拜科技之術，資金往來的匯進匯入都能在電腦中作業完成，減少許多時間浪費。有感日常生活中，看到許多事物都在排隊等候中，道出心中的話。

寫於二〇一三、三、一四

49 談人事時地物，加上時間的附加價值

中國農民曆的天干、地支及五行，配上生辰八字的算法，對我來說很陌生，從小及長的求學過程，記憶中沒有老師教過，難怪社大生活命理與堪輿課程，讓我很難入門，學完初級就不敢學進階，這是民國八十九年四月至今十二年前的往事。

為何有此感想？常在寺廟或建築物看到，上款題字及落款的年曆，如何推算西元或民國何年何月何日，坦白說我不會。許多人簽名或提字，或如上所提，許多建築物的年月日讓人看不懂，其實已失去了意義。

常在馬路上或社區中矗立大石碑、石頭，雖記載何人書寫，卻漏了時日，日久之後失去考證的依據，因此人、時、地、物成為記錄何事重要的資料。雖是小事，日久之後就有失考察，是為美中不足！

前往大陸旅遊，許多歷代建築，珍貴的皇帝題字加上年曆，就能推算歷史的價值，今天能成為名勝古蹟，多少觀光客慕名前來一遊，這些古物，為國家賺取多少外匯，正因為有年代可考，大家想看幾百年或上千年的建築或雕像，

如兵馬俑、佛像石刻，可見人時地物連貫起來的重要。

話說半世紀前的記憶裡，我們看到簑衣、碗櫥、犁田工具、打穀機、裁縫機、木炭燙斗、隨著科技的進步，泰半被新產品取代，年輕的E世代從未見識過，有心人將這些物材裝飾於餐廳，成為古物，談不上骨董，卻有考察或研究價值，不能否認歲月留下的痕跡，可以帶來商機，這豈是當初所料。

古錢幣、古紙幣、古玉器、古郵票之所以值錢是年代久遠的價值。君不見偉人、名人或藝人穿過用過的衣物，寫過的書信，多年後價值翻了許多倍，在在說明人、時、事、地、物相關的附加價值。

昔日凡購物或書冊必即填寫何時何地多少價格所買，幾十年之後留下此物此情的許多回憶，一張照片註記何時何地與何人所照，這才有紀念價值，是否我愛物、惜物的多情？

寫於二〇一三、三、二十

50 生命列車

人生一世，好比生命列車，從出生始，即上此車，經成長的生、老、病到死，這一生命的過程，上了車終必下車，從出生慢慢走向死亡，佛說緣起終將緣滅的必然，此即緣起性空的無常法則。

就當是搭一趟人生列車之旅，要經歷無數次的上車、下車。開始有爺爺奶奶及父母的陪伴成長，兄弟姐妹、親朋好友、左右鄰居，都是旅途中的乘客，但他們不是一直陪伴著您，上、下車代表暫時的聚散分離，每次不同的旅客與您相遇，有緣千里來相會，無緣見面不相逢，一生之中，在求學的同儕，在職場的長官、同事、部屬都曾是您相伴的貴人、好友、冤家、仇人，端賴您如何看待？

成家是生命旅程的大站，戀愛結婚，配偶成為旅程中陪伴您最久的人，俗諺：「十世修得同船渡，百世修得共枕眠」。有了小孩，身為父母的是責無旁貸成為監護人，要照顧他們陪伴他們的成長，完成養育之責，有一天父母將老去，走向人生列車的終點。之故，許多寺廟常可看到此對聯：「夫妻是緣，有善緣，有惡緣，冤冤相報；兒女是債，有討債，有還債，無債不來。」杭州城隍廟前有副對聯，上聯：「夫婦是前緣，善緣惡緣，無緣不合」。下聯：「兒女原宿債，討債還債，有債方來」。佛家講的報恩、報怨、討債、還債的四種關係，不就說明人生本是因緣和合而來。

乘座同一列車的人，形形色色，有的輕鬆旅行，欣賞窗外美景，有的憂心重重，愁臉滿面，還有的在列車上四處奔忙，忙於交際，人生百態都在生命列車上呈現，名利權位，上臺下臺，物換星移，沒有永遠的順途，也沒有永遠的逆境，這就是無常的人生。

這是一趟沒有回程的列車，是單程票，走過必留下痕跡，再回首已百年身，我們要珍惜並善待旅途中，同車同行的旅客，永遠記住在某一段旅程遇到的良師益友，他即是您生命中的貴人，也要記得交往朋友中，讓您誤入岐途的損友，用您智慧善解，用您慈悲包容，畢竟世上好人壞人是同時存在，前者成就您的事業，後者造罪您的人格，業障隨身，不可不慎。

生命的可貴，應該展現生前的歡愉，樂活當下，佛陀所言「離苦得樂」，當下生命列車時，得到多數人的尊敬與懷念。這是人生追求一輩子的榮耀，而不是您得到多少名利留給子女？

寫於二〇一三、三、二六

51 隨筆50後感

最近將過去五十篇生活隨筆整理歸納，存入文字檔，俾便溫故點閱，昔日所寫文章，重新展讀，有感內容不夠充實，文詞修飾不夠流暢，結構條理不夠周延，標點符號等等缺失，讓我檢視後，發現寫完一篇文章，事隔數天就有修改的空間，可見靈感寫出來的文章，可以改之再改，不常為文，自然寫來生澀，這樣的感覺應是正常。

看報紙社論、小品文都是幾個人輪流寫，以人間福報為例，至二〇一三年四月一日，正式邁入第十四年，星雲大師每日為文，記憶所及，從早期的迷悟之間專欄，到星雲法語、人間萬事，到這兩年的星雲禪話、到目前的星雲說偈（持續中），以三年為一期，從未間斷，又如柴松林教授每天撰寫社論，另類財富的文章是讀者投稿，這三篇文章，我每天必讀，成為重要的精神糧食。尤其欣賞大師行雲流水的文筆，沒有賣弄文字，咬文嚼字，更沒有深奧詞句，讓人易懂，解釋偈語，言簡意賅，深含哲理，讀後如沐春風。

不是專業的作家，當然只能隨筆塗鴨，所幸只是生活有感，沒有高深的理論，更沒有高境界的見解，承蒙好友鼓勵不棄，目標幾百篇尚遠，有待持之以恆。

寫於二〇一三、四、二

後話：印象中訂閱人間福報，將近十年，每天必看星雲大師的專欄、柴松林教授的社論，加上另類財富的方塊，近年來忙於電腦的資訊，累積了不少未閱的福報，堆滿兩大堆，捨不得丟棄，這是欠的報紙債，有了福報，其他報紙就沒空看，少了社會報紙言論上的污染，心裡踏實許多，正面積極，增上緣的報紙，非福報莫屬。

52 談生與滅

——對使用年限的認知

有生就有死，所謂生、老、病、死的生滅，這是生物的自然現象，東西有成、住、壞、空的必然，此為宇宙生、住、異、滅的正常現象。凡有為法（註），都存在無常定律中，人人都要有此認知才對。

「人之大患，為吾有身」這是大思想家老子說的，說明人因為有這個身體就是一切苦的根源，同理；物質的東西，有一天會壞死，就像提供我們使用的生活物資，大如房子、汽車，小如鍋碗瓢盆，有一天都會毀損，遇上大的天災、人禍的戰爭、疫情的感染、地震颱風的侵襲，因外力的介入，都會加速死傷或損壞，使用的物品，其實是有期限，人們卻不知所有東西，有人為的不當操作；加上老舊的折損，應適時汰舊，許多人卻要等到不堪使用才肯換新。

家中使用十餘年的衛浴，最近重新裝潢，做了防水處理，磁磚、衛浴設備，全部更新，是了解物品是有它使用的年限，對成住壞空的認知，想想您家中的電視、冷氣、電冰箱是否要等到用壞了才更新，那就忽略以上所談。您以為呢？

寫於二〇一三、四、八

註：

1.有為法就是因緣和合而生的一切理法。無為法就是無因緣造作的理法，也就是無生滅變化而寂然常住之法。這是有為法與無為法一般之見識，有為法可說事相方面而言，無為法可說理體方面而言。

2.有為法無常的原因，係因凡有為法皆具有生、住、異、滅四相；此即有為法之四個基本特徵，稱為四有為相。亦有將住、異二相合併為一，而立三有為相。三、無為法無為法，是永遠不變而絕對的存在；非由因緣所造作，離生滅變化而絕對常住之法。

3.有為法與無為法，有何差別？有為法就是因緣和合而生的一切理法。無為法就是無因緣造作的理法，也就是無生滅變化而寂然常住之法。

（以上註摘錄網路資料）

53 味道

很單純的兩個字，從日常生活中體會談起：

這個人很有味道（指品味），意指氣質風度佳。此乃指無形的味道，指對人的感覺，由心去解讀一個人性格、個性、人品或性感等美感的品味、通常適合對異性、對女性來說。

有形的味道是指七情（註）的喜、怒、哀、懼、愛、憎、欲情緒上的表達及感官六慾（註）的眼、耳、鼻、舌、身、意的身心感受。

以下是從人及物散發出來的味道談起：

嬰兒有乳臭未乾的比喻，聽說喝牛奶及餵食人奶有不同的奶香味，少女亭亭玉立，散發活潑氣息，成熟婦女有熟女的韻味，年華逝去的老婦有風韻猶存的美，老人（男、女）普遍都有獨特的體味，因為新陳代謝的緩慢，人的口臭、體臭、狐臭都會讓別人感覺不舒服，善於利用香水或減少吃食辛辣食物，都可以避免身體代謝產生的汗臭味，我偏好大蒜，但不喜聞蒜味，同理心下，出門就不食大蒜，這是禮貌，以上所談是指人身上散發的體味。以東西來說，新車、新屋、新家俱、新衣服都有新的味道，東西老舊就有腐朽的味道，如老屋、老車、年久失修的機器，難怪人都有喜新厭舊的通病。

為了防止散發體臭，除了注意個人衛生習慣，常洗頭、常沐浴、衣服常換洗，加上適當使用噴香劑，漱口液，都可以減少身體的異味，在公共衛浴中，使用樟腦丸、芬香劑、冰塊都是消極清除異味的方法。

在美國跳方塊舞的規定，男士要穿長袖，脖子不可外露，或以方巾或小飾物遮住，主要是避免肌膚接觸的體汗臭，家中牆壁剛油漆及木質粉刷味道很重，可以用木炭或洋蔥除味，冰箱除臭用茶葉碴、咖啡碴或檸檬片，如廁大號臭味，以火柴燃燒有效除臭，友人一次酗酒，在計程車嘔吐，代價是要付二千元給計程車主，洗車費加上兩小時不能營業的損失，可見味道給人的感覺很重要。

淺談味道卻有人喜歡汽油味、體臭味，當然這是少數的例外。

寫於二〇一三、四、一二

註：（摘錄網路）

〔七情〕有三種說法：

一、喜、怒、哀、懼、愛、惡、欲

二、佛教、喜、怒、憂、懼、愛、憎、欲

三、中醫、喜、怒、憂、思、悲、恐、驚

〔六慾〕亦可寫為〔六欲〕：

一、眼——貪美色奇物

二、耳——貪美音讚言

三、鼻——貪香味

四、舌——貪美食口快

五、身——貪舒適享受

六、意——貪聲色、名利、恩愛

54 一技在身

四、五十年代，一般家庭環境普遍都不太好，孩子很多，父母親供應小孩子的讀書費用，負擔吃重，為了讀書，成績好的考上國立大學，勉強困難就讀，功課較差考上私立大學，也繳不起學費而放棄，最下策只能報考軍校，又免費、又有薪資又可讀書，這是當年最好的選擇。一些無法上初、高中的小孩，最好的出路是當學徒，幾年之後一技在身，創業、謀職、謀生、賺錢都不求人，又很容易。

經過四、五十年後，當年讀完大學或軍校，有一份較為安定的工作，從公、從軍、從商都能從隱定的小康中，一路走來，如今退休走出職場，回首看今天的各行各業，有太多的變化及改變，從價值觀來看，只要會賺錢，職業已無高低，更無貴賤。

日前路經芝山站、文林路一巷口，發現一家訂製西服的店面，量身訂製的襯衫一件千元，師傅說質料相同在百貨公司售二千元以上，心動就行動，選了一件淺藍色，取件時與之聊談，得知他小學畢業即跟隨上海及福州兩位裁縫師傳學藝，花四年三個月學成出師，今年已五十六歲，一生為人量製西服，勞心費神（傷眼），整整四十年，一套西服要價一萬二千元，這是一技在身的專業。在今天競爭的求職生涯不求人，倒是很難得。每天剪裁衣服，非勞力但費心神。如今衣服大半是機器裁剪，成本低，對純手工的行業多少有影響，雖不能賺大錢，但基本營收靠工資仍屬優渥。這是他親口告訴我的。

如今我發現學有專長者求職易，舉生活所見，打高球、網球、羽球、撞球者多，出現教練指導授課，學舞者多，出現國標舞師在教室、在舞場教舞，大凡所有體育或棋奕都有老師指導，行行出狀元，對身心靈有益的課程大受歡迎，這是四、五十年代所想像不到的專長，如今很受用。應驗一句老話：時代在變、環境在變、潮流在變、一切都在變，您必隨之改變。（與西服師傅聊談有感）

寫於二〇一三、四、一六

55 損健康；買健康

年輕人不珍惜身體的健康，因為體力精力活力都很好，於是有些人通宵玩樂、熬夜打牌、吸食安非、pub酒店作樂，暴飲暴食或拚酒酗酒等等，養成此不良習性，因休息補個眠後，很快復原，不以為意，花了錢不自覺，其實已損害了健康。步入中老年後，身體機能逐漸老化，精氣神已不如前，慢慢地健康出現問題。年老氣衰，是生理機能退化正常現象，現代人拜醫學、科技進步之賜，平均壽命都延長，但不代表身心很健康。

舉例來說，老年的疾病，泰半是年輕時不注意身體運動保健，飲食不節制，過度運動（如行軍），後遺症不外是三高引起的心臟病、心血管疾病、糖尿病、腎臟病、膝蓋軟骨磨損，各種病症，這些慢性病，其實根源於不良的生活及飲食習慣。有了疾病，就要靠健保龐大的醫療費用，於是年老花錢買健康，成為普遍的事實。

常聽友人說膝蓋換人工關節、心臟裝了支架，頸、脊裝人工關節、眼睛白內障手術、人工植牙、洗腎、防止睡眠呼吸中止機，等等自費要花幾十萬甚至百萬，說是花錢買健康不為過。

遺憾的是人人知道健康可貴，卻不加珍惜，明知抽煙易得肺癌、喝酒傷肝、吃檳榔易得口腔癌、過度運動傷害，種種病痛都是因果的必然，卻要等到生病才覺悟，乃人的通病。觀今文明病不外有憂鬱症、腕隧道症後群、頭痛、肩頸酸痛、乾眼症、下背疼痛、失眠、痛風、阿茲海默症、動脈硬化、肥胖、糖尿病、腎功能異常等多種慢性疾病，這些文明病，時刻都會威脅到您的健康。

健康因素除了來自良好的生活習慣、適度的運動、充足的睡眠、均衡的營養加上好的心情，好的基因遺傳，這些條件，人人都知道，又有多少人終身力行？

不記得聖經馬太福音第幾章節，耶穌說過：既使讓您賺到全世界，而即刻失去生命（健康），全世界對您有何意義？那位基督徒，可否幫我查此原文。

寫於二〇一三、四、二十

56 如何保健身材

身材與身體保健是息息相關，同學羨慕如今仍然能保持苗條身材的我，是如何做到？不談深奧的理論，只談經驗法則，當然體型基因遺傳是主因。另外只要持之以恆的運動，不管是有氧運動的體適能、快步健走、游泳等等都可以消耗熱量達到減胖。我二、三十年來勤於運動，如打網球、羽球二十餘多年，打高爾夫球十幾年，退休後以健走登山為主要運動，每日持之以恆二至三小時健行，出國旅遊必早起於飯店附近健走，不缺席。

身材高矮、胖瘦與遺傳有相對關係，先天的基因遺傳與後天的環境飲食都有絕對的關係，人每日平均從飲食中吸取2100至2500大卡的熱量，如果只消耗1800~2200大卡的熱量，身體就儲存300大卡多餘的卡絡里。日積月累身體就增胖。尤其進入中老年，生理機能新陳代謝緩慢，如缺少運動，很易肥胖，這是主因，為何年輕人吃很多，不容易胖，因為代謝快，消耗快。建議中老年人勿暴飲暴食，吃多是肥胖的元凶，飲食決定身材胖瘦，通常吃得多的人容易發胖。如果能吃或吃得多而又不胖，除了體質之外，腸胃消化吸收不良也是原因，這倒羡慕不少肥胖的人，他們自嘲喝水呼吸都會胖，很節制的少吃，但也胖，只能怪腸胃吸收好。

中國人說：「能吃就是福」深富哲理，君不見一些人，這個不能吃，那個不能吃，因為以健康為由，高膽固醇的紅肉、魚蝦、螃蟹，高普林的香菇海產、火鍋湯頭都不能多吃，看到我們什麼都不忌口，才發現能吃就是福這句話的大道理。什麼多吃仍然要選擇，我不吃油炸生烤的食物，因為產生有害的物質對身體健康造成傷害是漸進的，如回鍋油、反式脂肪、防腐劑都存在食物中，不可不慎。總結來說，「什麼都能吃表示健康，飲食有度才能健康」這是我的座右銘。

以上所談乃個人淺見，沒什大道理，但知易行難，要知道自己是否身材標準，提供如下公式參考：

BMI=體重（公斤數）/〔身高（公尺數）〕^{2} 理想體重範圍為 18.5≦BMI≦24，當您的 BMI≧24 則代表「體重過重」，當 BMI≧27 時就代表「肥胖」了……給自己乘算一下您身體體重標準嗎？

寫於二〇一三、四、三〇

57 萬般隨緣

隨順因緣

世間萬物因緣而生緣聚則物在緣散則物滅
相遇是緣錯過也是緣認識是緣陌路也是緣
朋友是緣敵人也是緣恩愛是緣別離也是緣
和睦是緣紛爭也是緣覺悟是緣痴迷也是緣
成佛是緣成魔也是緣善緣惡緣無緣不聚
逆緣順緣有緣不散緣聚緣散強求不得
唯有隨緣修善才能廣結善緣

以上引用禪悟人生：「隨順因緣」的一段話。為何有此感慨！請好友點閱：

http://tw.myblog.yahoo.com/first01@kimo.com/archive?-l=f&id=8&page=4

這是二〇一二年六月十七日我們組團十八人，赴馬祖三日遊的留影，返台後特別邀請每人寫一篇感言附上個人照。原預訂三日兩夜的行程，因遇颱風來襲，東引無法前往，卻多遊覽東莒，雖然多滯留兩天，但享受免費食宿的保險福利。說來是因緣和合的巧遇。事後大家提議明年原班人馬舊地重遊。我於今年初即與旅行社預約四、五月安排行程，直到四月底才通知延至六月十三日啓程，經徵求大家時間，卻有一半人不能參加，只好取消，我們都沒有錯，只是旅行社機位難求，時間上未能配合，用「隨順因緣」四個字來形容就能隨遇而安。

凡國內外旅遊或友人聚會，通常我把握三個原則，人要對、時要對、地要對。同一群志趣相投，年齡相近的好友一起出遊，是眾樂樂，如果時間可以配合地點都適合，大夥玩在一起心情感覺都很好，反之人不對、時不對、地不對，既是全招待，也不要勉強自己參加，因為心情必然大受影響。「凡事開心必順心」。

上週來去九寨溝，全團三十二人，六天行程之後，各組成員打成一片，同桌同食、同組同遊，一起拍照的因緣，此乃緣起自在。同組成員相約找時間再餐敘，有緣再續，萬般皆隨緣，就如今年馬祖未成行，或來年再續緣？

寫於二〇一三、五、三

58 我與麻將

打麻將是娛樂、是消遣、是以牌會友，打牌是賭博。前者是北部可以接受的說詞，後者是南部普遍的認同。南北對打牌這件事情的認知，卻有如此的落差，只能說觀念看法的不同，不談孰是孰非。我以金額的大小來界定是消遣娛樂或博奕賭博，以一般公務員的收入，每月取十分之一薪資打牌是合理的，超過就是賭博。當然一些商場老闆生意上的麻將應酬另當別論。

憶學會打牌是民國七十五年間，這是婚後十幾年之後的事，一是時間較多，二是治安單位也允許家庭一桌為限的牌會，每逢周末或假日，親朋友好就會約好牌局，大家很期待每週一次的牌會，約遲了往往向隅，三缺一是牌友的口頭禪，其實缺二，都先約好一，再約一。初學打牌，有牌必打，有約必赴，很難拒絕牌約，可知麻將的誘惑。

民國七十五年後到八十七年期間，每逢週末假日，與隆網球隊以球會友，打完網球後即相約打牌，週末安排晚上打牌，假日則午後打牌，自嘲打圓後打方，先動後靜，身心得到調適。這十年間迷上打牌。事後反省，陪家人的時間都花在球場上、牌桌上，不無內疚。民國八十七年後參加長春高爾球隊，每月兩次的球敘之後，大家也相約打牌，好像打球的人都喜歡打牌，又延續十幾年與打牌結緣。後來同學陸續離開職場，我們五、六位好友，參加固定牌局的約會每週一次，十幾年來未曾間斷，每週期待打牌的心情是愉悅的，打牌的過程，輸贏的起伏很大，有先贏後輸，有先輸後贏，往往因打對一張牌，而反敗為勝，也會因打錯一張牌而兵敗如山倒，輸贏之間是瞬息萬變。我因性子急、出牌常有差錯，往往十打八、九輸，是否沒偏財運？當然歸結來說，得承認技不如人。今年開始，終於我下了決心，不再打牌，說是戒賭亦可，同學也能諒解，年歲漸長，為了健康也不宜久坐！因為傷神又傷筋骨。

提起打牌，我們是恪守幾點原則：不打大、不打長（十六圈）、不與陌生人、不與抽煙者、不熬夜、儘可能不與異性（非排斥），這些都是以健康設想。屈指算來打牌近三十年，享受打牌的樂趣，也浪費許多時間金錢，天下事得失是相對，檢視過往，寫此文心情上，沒有遺憾。如果一輩子沒學打牌，恭禧您沒有浪費時間與金錢在牌桌上，如果您學會打牌，而能婉拒好友的盛邀，我很佩服您的定力，如果您打了二、三十年的牌，而能說戒就戒，就如今天的自己，應該套一句常說的：不簡單、不容易、不平凡。

寫於二〇一三、五、一〇

59 我與跳舞

憶四十歲以前的生活，不會打牌、不會唱歌、更不會跳舞，因為環境、時空都不允許，在母校擔任隊職，朝夕與學生為伍，言行舉止以經師、人師自許，生活規範以學生表率自勵，沒有機會接觸社會大染缸，行為單純不受染污，更沒有煙酒之習性，高中畢業讀了四年軍校，一張白紙到部隊服務四年，又一張白紙回到學校，我檢視這段時光，再回首後三十年，生活行為與興趣上竟然有冏然改變。

人的思想、觀念會隨時間、空間、地點而改變，行為習性當然會改變，有些行為會變好，有些習慣會變壞，變好變壞，也因不同時空，不同年齡的價值觀而異，在對的時間做對的事情，或在不對的時間做不對的事情，產生的是非對錯是絕對不同，證明人的行為本身沒對錯，只是合適不合適。合適為對，不合適就錯，如果再加上因緣條件，千變萬化所示現的無常，產生的際遇，就形成了每人命運的造化，人各有命，因果關係永遠相隨。

不記得士林長青大學是民國九十幾年正式招生，因距家步行十分鐘可到，我心血來潮先後報名初級、中級舞蹈班，每週各兩小時，前後學了四、五年，後兩年跳到進階班，由於根基資質都差，加上不記舞步，學了華爾滋就忘了探戈，倫巴與恰恰舞步大同小異，只是節拍不一樣，三步吉魯巴已取代六步國際標準舞，大家跟著流行走，英式探戈比slow探戈難學，本週學會的舞步下週就忘記，有挫折感、無力感。說來學舞也要有慧根。有人一學就通，有人笨手笨腳，節拍都踩錯，人人資質不同，領悟學習進步就不一樣，舞伴很重要，一起切磋、研究、學習。好的舞伴配合練習進步很快，我先後幾位夥伴都跳得很好，能耐心指導我，算來我運氣很好。

九十八年中斷士林長春大學的舞課，因緣際會一〇〇年八月份參加東湖愛心、安心兩個舞蹈班，沈老師在中山市場三樓開誠心舞蹈班，我三個班都沒缺席，去年士林公民會館由海光同學熱心奔走，成立屬於十四期同學的舞蹈班，由本屆會長華淼兄及副會長巧蘭免費義務教學，他倆有證照，都通過中華舞蹈協會考試及格，在熱心教學及努力指導下，同學雖泰半是初學者，但每月教會一種舞步，半年下來已教完探戈、恰恰、三步吉魯巴、倫巴、華爾滋及Slow Rhythm（布魯斯）六種舞，每週一、二上午九點至十二點，三小時的運動要達到社交國標化、國標社交化的目標邁進，這是華淼老師的期許。

退休近二十年，年輕時不唱歌、不跳舞、不打牌，在後半生中，都逐一去接觸，從中去體會，才知道興趣可以培養，吃喝玩樂要學習，基於終生學習的理念，活到老學到老。記得柴松林教授說過：大學畢業五年不讀書高中都不如，十年不讀書就回到小學程度。算算您有多久沒讀書？

寫於二〇一三、五、一二 母親節

60 惻隱之心

日前於某公園休閒看報，來了位年青人，向我要二十元說要搭捷運回家，明知他說慌，我仍樂以拿出二十元，他又改口說還要十元，錢是事小，基於同情、憐憫及惻隱之心，如他開口要百元我還是會給他。救急不救窮，不過是一餐溫飽？

旁邊一位年青人見狀，跟我說一句臺語，他已「檢角」（註），我問：您們認識？他回說比他小二歲，四十來歲的人，終日無所事做，人生還有很長的時間要走，為他的當下感到悲哀。

孟子講到：惻隱之心，仁之端也；羞惡之心，義之端也；辭讓之心，禮之端也；是非之心，智之端也。人之有是四端也。我強調人之所以有思想，就是基於孟子說了這四句話，無此四端非人也。今天社會的價值觀已被扭曲，笑貧不笑娼，就是沒有羞惡之心，沒有是非公理正義之心，沒有尊賢禮讓之心，更談不上惻隱同情之心。普世價值都改變，教大家無所遵從，沒有對錯的人生是無所適從。可悲！

七、八十年代以後出生的年青人，大多從小就被父母嬌生慣養，養成好逸惡勞的生活習慣，成長中更沒機會吃過苦，大學畢業，二、三萬的薪水嫌少，寧願在家當啃老族，社會上出現單身貴族（不婚者）、草莓族（不能抗壓）、低頭族、多少批判年輕人的新名詞，他們仍然我行我素，要怪我們苦盡甘來之後，帶給這一代年青人優渥的生活環境，溫室的花朵，經不起風吹雨打的磨練，回過頭告誡說：想當年我們生活有多麼的苦，孩子們會說那是天方月譚，不可能。可以預期的將來，他們將來生活會更苦，不是唱衰，先苦後甘是我們這一代，先甘後苦是我們下一代。

寫於二〇一三、五、一六

註：臺語發音，意指沒有利用、可用價值。把您攏到角落處，廢物也。

61 緣起……緣續……

宇宙間存在的事事物物，叫做因緣所生法，而把事事物物的生起叫做萬法因緣生，支配宇宙萬象生滅變異的基本法就是萬有因果律，故緣起緣滅，因果定奪，心本不生，緣起而生，心本不死，緣滅而死。緣來也自然，去也自然。有為法以上談有為法的因果律，有生必有死，緣起必緣滅，這是必然的過程。有為法就是因緣和合而生的一切理法。

事物有緣起，人與人相識見面，如能緣續就是有緣，多少人見了一次面之後就不再相見，就是無緣。緣續是有相對條件，如師生之情、同儕之誼、同好之友，這三個條件所延續的情緣，比較可以長長久久。

如一起打網球二十多年的老友，因種種客觀條件下，不再一起打球，多年不見的球友，提議每半年聚會一次，再度聚會後，相談甚歡，如今改每季見面，緣續互動變熱絡，又如在士林社大同班同學，因老師前往北大授課，不得不結束八年的課程，鑒於同學往後見面不易，我提議每月聚會乙次，緣續至今六、七年，十幾年來由同學關係延伸變成好友，加上以老師為中心的師生互動，維繫不移的師生情誼，如今亦師亦友，成為同學經常請益並受教的對象。經師易求，人師難得，我們都已得，如今同學仍很珍惜並期待每月聚首的日子。

去年底，同學成立國際標準舞班，由會長、副會長擔任男、女老師，每週一、二上午於士林公民會館，義務教學，到課男女同學多達二十餘位，半年來人人舞技精進，大家都願意持續學舞，每次上課可以見到這麼多同學，是學習的誘因之一，可以運動流汗是誘因之二，結論是大家樂於互動學習，帶動歡樂。

打了十幾年的高球，因球隊解散，大家很難再相見，此乃未能緣續，常常打牌的朋友，因不打牌難得一見，我退出牌局，有此感慨。可見同好的見面易，志不同道不相為謀，緣續亦難。

月前參加九寨溝之旅，全團有三十餘人，我們八人分到第三組，由於同遊幾天的互動，談笑相處愉快，雖然大都是初識，感覺似曾相識，週前在華國再度聚會，我以「緣起九寨溝、緣續華國餐敘」留下文圖分享。（見健群歲月行腳 blog）

退休後，參加不少活動，如臺大退休聯誼會每月一次的旅遊、臺大登山社經常的登山健行、臺大聯合服務中心的志工十年（持續中）、健康長壽早餐會每月乙次至今二十七年、每週固定三天的學舞，這麼多的活動要參與，把自己的時間排得很緊湊，忙得不亦樂乎。說來都是生活中的緣續。話說回來，人生有無數的緣起，又有多少的事情可以緣續，端順其自然，也必需要有心使然？

寫於二〇一三、五、二〇

62 平常心看無常

我很喜歡星雲大師說的這四句話：「陰晴圓缺，本來如是；悲歡離合，因緣如是；喜怒哀樂，眾生如是；愛恨情仇，有情如是。」這裡的眾生、因緣、有情所產生的對應本來都是平常，其實都離不開無常，因此把平常看無常應是人生的必然。事間無常，所有的一切都跳脫不了，創造、持續、變化、毀滅，這四個原則，宇宙時空無常，由不得我們，就如天要下雨、日出日落、花開花謝，又如日前五月二十日，發生在美國奧克拉荷為州穆爾市，超強龍捲風侵襲，一夕之間造成多少生命財產的損傷，這就是無常。

天災、人禍都會改變甚至毀滅人的生命、財產，天下之大又有那些事能抵擋無常的變異，了解之後，人的生老病死、事物的成住壞空、生住異滅都是天經地義的定律。

為何有以上如此的感受，當您所認識的長輩親友突然離逝，當您離開參加多年的活動，當您看到子女成家立業，當您心愛的人離您而去，把這些平常當無常，您心即釋懷。天下無不散的筵席，是生活常見的無常，「誰知道明天與意外誰先來」達賴拉嘛的名言。

寫於二〇一三、五、二三

63 樂活當下，是一種幸福（每天自勉）

晨起精神爽，開啓愉快的一天，享受當下樂活的時光，累積的快樂就是身心靈得到的充實滿足。記錄我生活六樂如下：

一樂也：每一天起床都伴隨許多的快樂，開啓電腦，看看信箱友人傳來的資訊，從文圖中欣賞世界各地風景，人文地理、民情風俗；從養生保健中看到醫學常識、用藥知識；從勵志小品中看到如何修心養性、啓開智慧；從幽默小品中，體會說話藝術、幽默的對話；從益智文章中，得到許多領悟、解開迷惑；從宗教觀點中，了解佛教的因果觀，了解生命的可貴；從照片集錦中，看往事回憶、憶歡樂點滴；從世界各地美女秀中，欣賞美美的身材，美麗的臉寵，聽說也是另類的養生。

二樂也：晨起或黃昏的户外運動，獨自健走，風雨無阻，此時心曠神怡，不僅能開啓思路，更能產生靈感，生活隨筆，是所思所見的題材，每天二、三小時健走，感覺是我身心最舒暢的時刻。（健走於雙溪河濱公園或芝山公園環山步道）

三樂也：每天能早睡早起，通常是晚上二十二時以後就寢、晨五至六時起床，中午午憩半小時至一小時，四十幾年來已養生此生活習慣，要我早起賴床、晚上熬夜，是痛苦不堪的事。身心的精、氣、神因為有充份的睡眠與休息得以補充。

四樂也：午憩後沖泡一壺茶，習慣喝高山熟茶，享受品茶的氛香與樂趣，又能中和平衡體內酸鹼，有益身心健康，興趣使然，蒐集數十隻好壺，輪流使用，一可宜情又可養壺，泡茶工具有陶瓷、有木製，其實都是玩物，玩物喪志。（名人說的）

五樂也：公寓大廈前後小洋臺，種栽小盆栽，有一年四季盛開的鳳仙花、日日春、長青的富貴樹，剪枝即可成長、不斷繁植的蘆薈，其汁治燙傷良藥、有劍蘭有繡球花，每天要勤澆水，看到小草小花的成長，心中充滿喜悅。

六樂也：退休後與內人角色互換，我成為家庭主夫，從採買、洗菜到做飯、家事雜役全部包攬，結婚後，前二十年太太家事全部主導，結婚後，二十年來全部由我負責，勞逸均分，倒是很合理又很公平，其實家事是做不完的，「歡喜做、甘願受」，苦中有樂，樂中有苦是真話。為了家事我有理由買最好的吸塵器（瑞典怡樂智）使用十五年後更換一臺新品，廠商回收舊機型五千元，（當初買是花三萬六千多元），也買一臺ASKO德製洗碗機，都是家事的好幫手，工欲善其事，必先利其器。此言不無道理。

活的一天就樂活當下，每天有這麼多的時段去感受快樂，感覺是一種生活上的享受，提筆道來，道出心中的感想，不怕見笑也非炫耀，都是肺俯之言。

（摘錄如下格言互勉）

知足喜捨，是一種幸福！

健康平安，是一種幸福！

分享共好，是一種幸福！

體驗學習，是一種幸福！

活在當下，是一種幸福！

實踐夢想，是一種幸福！

寫於二〇一三、五、二三

64 對子女之情

——孫子之愛

最近與高中同學一次聚會中，劉同學說：他夫婦每隔一月要到臺北住兒子家，與親家負責輪流帶一歲的孫子，因兒子與媳婦忙拍片同進同出無暇照顧，另一同學持不一樣的態度說：兒女未結婚前，不敢出國遠遊，一切以子女教育生活為重，如今子女成家立業，有小孩，應當自己照顧，就像當年我們為照顧他們而犧牲許多享樂一樣。兩位同學的看法與做法是見仁見智，沒有對錯。

我是沒資格評論孰是孰非，因為子女均未婚，但可以發表一些看法。數十年前，追朔五、六十年代，我們父母生了四、五位以上小孩，幾乎家家皆是，當年婦女很少有上班族，既使工作也是家庭代工，所有小孩都是母親從小帶大。嚴父慈母有愛的家庭教育裡，小孩子個個乖巧聽話，待我們為人父母，夫婦雙職，子女泰半請褓母代為照顧，親情自然疏離，小孩的家庭教育，就缺少父母親的愛，這是一份無法取代的愛，造成六、七十年代以後出生的孩子，不能體會父母的親情，卻多了些無情，叛逆、不孝、不學好、自以為是、成為年輕人的通病。我們檢討自嘆沒有教好自己小孩而自責時，卻忽略不全是我們教育失敗，而是因與之相處時間太少，同儕的境教影響甚至超越了學校教育，因為升學主義掛帥，各級學校強調智育而忽略比IQ更為重要的EQ。這些都演變成今天二、三十歲的年輕人只會讀書考上好大學，我們自滿地說盡到了做父母教與養的責任。其實學會做人比學會做事重要。

人的煩腦來自於執著、無明、妄想、放不下、想不開，這些都脫離不了罣礙，郭同學邀約前往阿拉斯加北極自由行，問要多久？起碼兩至三個月，我回答說十天半個月尚可，因掛礙太多，退休後參加許多定期不定期的學習與活動。如果您目前為子女帶孫子，那是寸步難離了，雖然含貽弄孫亦一樂。

俗話說：當您愛孫尤勝愛子，那您就老了。一笑！當然不能一概而論。

寫於二〇一三、五、二九

65 境教的重要

孟母的三遷因環境的改變，造就了亞聖孟子，岳飛母親在其背上刺青「精忠報國」四個字，母教的影響，終成為歷史民族英雄，留芳千古。古今中外，不乏許多因為環境的改變，而成就大事業的偉人，可見影響人生成敗的關鍵不能忽視環境教育的重要。

高中畢業考上當年的政工幹校，每逢假日，家住臺北的同學，偶而相約到家中做客，發現他們都很會做菜，包水餃、和麵趕皮、煮麵條、包子、饅頭、蔥油餅等麵食，打從心底很佩服，我們在南部長大的本省人，很少會做飯菜，更不會做家務事，原來住眷村長大的孩子，從小就學會自立，每天做這些家常事，而本省人男生不准進廚房，環境使然。住臺北的一些同學是讀夜校，白天有做事或打工謀生的經驗，做人處事自然比我們成熟老練，南部的我們高中畢業北上就像一張白紙，生活自理是白痴。

今天回顧四、五十年的過往，凡高中以前有機會半工半讀的人，是環境使他們有生活磨練的機會，十幾歲的年青人，學會一切家務雜事，也學會一生受用的烹調技能，老天獨厚其學習。反觀南部，沒有半工半讀的學校，生活學習的機會減少，起步學習較遲，相較下可以瞭解我們不如他們懂事能幹。

民情風俗，重男輕女之下，女人什麼家事都要會，男人事事不動手，事事都不會，吃虧往往是佔便宜，亦得到了印證。如今年輕人什麼事情都不做，什麼事都不會。這將自食其果。

我常說一則短笑話：老師問全班學生，請舉例說明「環境」與「遺傳」兩者的不同。一學生反應很快，回答說：生的兒子臉孔像父母是遺傳；如像隔壁的叔叔，就是環境。雖是笑話，可見近朱者赤，近墨者黑，人性使然，不無道理。

寫於二〇一三、六、一

66 莫比較、莫計較才能追求幸福

退休後的人生：「凡事要不比較、不計較，才會快樂睡得著覺」。常聽人說：「精神生活往上比，物質生活往下比」。聽來很抽象，明白說：日常生活物品不必買高價位的東西，大者屋子買豪宅、買名車，小者買衣服、帽子、眼鏡炫耀名牌，東西怕比較，一比較煩惱隨之而至。莊子思想中談到人因為有五種心才產生煩惱。

簡要詮釋如下：

一、比較心：大小的不同。
二、虛榮心：貴賤的差別。
三、得失心：成毀的感覺。
四、貪戀心：生死的煩腦。
五、偏執心：是非的爭辯。

人從小到大的生活學習中，有形無形都在比，無法避免的，比功課比成績、比家庭比環境，比高矮胖瘦、比美醜貧富等等。求學過程中，比就讀學校、比科系，大學畢業後比職業（以薪水高低）來衡量價值，雖說職業無貴賤，世俗眼光就有高低。人比人氣死人是實話也是真話。如今大家從職場退休，沒得比，許多人就會比兒女、比孫子，好像人的出生就是事事要比較。我不反對，年輕時凡事是要比較、要計較，從而自我策勵，追求卓越、追求進步。但退休後重要的是：尋求自我心靈的快樂、經營身心的健康。非高調，但又有多少人能做到？

健康是從小到大要去營造、去經營的，退休的人尤其重要，上了年紀後不健康，除了自己要承受痛苦也會拖累另一半的家人，注意飲食、有恆運動是健康不二法寶。您晚年要快樂要幸福最重要的是，要做到莊子說的不比較、不計較、沒得失心、沒虛榮心、沒貪戀心、沒偏執心，心中很平靜心情自然愉悅。

二〇一三、六、六　有感

67 見證了角色互換的轉變

古人云：「十年河東，十年河西」。有人說五年就有變化，尤其是近幾十年來科技的進步，電子化時代來臨，指的是，由好變不好，由壞變好，當然是漸進的轉變，非一蹴可及。在週遭生活上，許多的轉變是可以感覺到、更可以看到的，甚至於難於想像的。

我們出生四十年代，從五十年代到八十年，成長的過程經歷這四十年，看到許多的轉變，也看到許多事物的異化（註），您我會共同發現普世價值被扭曲，昔日教育的四維八德、三從四德、孝順父母、敬老尊賢、尊師重道等等都已漸式微，經歷了轉化、到改變、到比較下的我們，人人心中戚戚焉。陳述簡要社會現象，提出幾點看法，願與好友共同思考：

一、官員與百姓：「人民有權、政府有能」是當年國父在民權主義中講到是民主時代的精神，今天人民不滿政府政策，走向街頭抗爭，這是近幾十年最常見的群眾運動，政府為息事寧人，往往退讓妥協，這豈是戒嚴威權時期所能允許，立法委員是民意代表，在立法院質詢官員，聲嚴厲色，地方上的民意代表，因為有預算審核權，官員只好忍氣吞聲，唯唯是諾，今天的官員難為，我以為這是變相的民主。

二、資方與勞方：老闆與員工從傳統的尊卑，演變成今日的平行地位，董事長、總經理的位高權重已不在，勞基法是政府保障勞工權益而立，勞保成為資方必付的員工福利，遣散費成為資方的負擔，這是過去所不能想像的。

三、長輩與晚輩：最明顯的是父母的威權已不如昔，子女的地位超越父母，因為大多數的父母本身以子女為貴，一切順從子女的需求，過分的溺愛，讓子女有求必應，給子女的變成應該，無怨無悔的付出。其次是婆媳的角色，傳統下婆婆的權威已式微，媳婦上班，婆婆做家事帶孫子是天經地義的事，沒有一起生活的婆媳，沒有以往媳婦熬成婆報復的心態，反而融洽。早出生的女子，一定很羨慕今天年輕的媳婦，因為時空不一樣了。

四、老師與學生：傳統的尊師重道不復存在了，昔日打罵教育的威嚴不見了，校長尊重（怕）老師，老師愛護（怕）學生，成為社會的風氣，大學生在校園可以自主，校務會議中有學生自治會代表發聲，爭取權益，學生評鑑老師，本末倒置，強調校園民主。

五、兩性與角色：昔日男主外女主內的傳統被顛覆，今天是講求兩性平等的社會，男尊女卑漸漸有女高男卑的趨勢，這是近數十年的一大改變，尤其我們這一代感受最深，一句詼諧的調皮話：「計畫趕不上變化，變化趕不上老婆的一通電話」，可見女權至上的事實，時代在變，潮流在變，不變應萬變是當今處事要務。

總結以上簡述，感嘆潮流影響的深遠，還是一句老話，行為本身受到境教的影響力大於家庭教育，遠勝於學校教育，您以為呢？

寫於二〇一三、六、一〇

註：異化（或譯為「疏離」）（Alienation）

異化（德文：Entfremdung）論，是指原本自然互屬或和諧的兩物彼此分離，甚至互相對立。

維基百科，自由的百科全書——

在哲學當中，本質，又稱為「實質」，是指某一對象或事物本身所必然固有的，從根本上使該對象或事物成為該對象或事物，否則該對象或事物就會失去其自身的，特定屬性或特定一套屬性。

68　漫談流行二三事

有感日常生活中，許多東西的流行，是一股風氣、風尚、是無法阻擋的魅力、潮流。最常見的是服飾、電子產品，以及建築器材等等。

首先談服飾：最近整理衣櫃，許多西裝已退流行，多年未穿，大領子、中領子、小領子、雙排釦、開雙岔、開單岔，如今是單排釦，有二個釦、三個釦，西裝褲從打褶到不打褶，褲管上褶到不上褶，二十多年前的平面褲又流行回來，到市場買衣服，是跟著流行走，服飾投資公司，委託服裝設計師的創意，配合廠商聯合起來，為了賺錢，限量或量產，消費者為了趕時髦，受到流行的影響，心甘情願花錢。男性服飾比女性單純，女性受流行之苦，置裝買鞋、項鏈眼鏡、香水口紅，只要是流行品牌，價值翻數倍，女人愛美，再貴也捨得，看到時下年輕人，買名人品牌運動鞋四、五千元，名牌眼鏡數萬元，名牌帽子一、二千元，花錢不手軟，這是我們上年紀者所忘塵莫及，也是很難理解的。

其次談電子產品：早期家用收音機被音響取代，錄放影機被 CD、VCD、DVD 光碟機取代，昔日 Betamx、VHS 錄影帶在市場上已消聲匿跡，傳統照相機用的底片已不生產，數位相機的記憶卡可以重複使用，柯達、富士底片公司被迫轉型，電子科技的進步，平面電腦取代傳統電腦，數位化電子產品、液晶電漿電視機，取代厚重電視機，人手一機的大哥大，影響更為深遠，一兩年就被迫換新，聽說年輕人換手機一至三個月，人人持有兩、三隻手機是很平常的事，父母只好檢用子女舊機，足見流行的潮流，對年輕人是抵擋不住。

再其次說到建築：卅年前的建築經過五年、十年、二十年，使用的建材如磁磚、地板、燈飾，屋外屋內的設計與裝璜，就有很大的改變，時空在變、環境在變、流行在變、建築風格日新月異，說不出什麼道理，就是一切要隨流行、隨潮流在改變。只有變才有創新，衛浴廁所、廚房設備，愈變愈現代化，建商講求室內造型、室外景觀設計，公共設施，讓人參觀，心動行動，有錢者一屋又一屋，歡喜就買。

以上略述流行影響我們日常生活甚巨，乃求新求變的力量使然。生活在現實的社會中，我們無形中亦步亦趨趕上了流行，年輕人如是，大家又何曾置身於外趕流行。

寫於二〇一三、六、一二 端午節

69 人生不可思議的因緣

日前與幾位好友北海一遊，順途來到海產名店海龍珠，這是遠近馳名的活海產店，魚蝦新鮮，大家品鮮之餘，我不禁想起今天吃到的美味是累世的因緣，來自不同的人，吃到不同的海鮮，在佛教中稱此緣是很難得的。（是善緣孽緣）都是緣。

我聯想到每人來到世間，您的祖父母、父母、伯叔、子女、孫子都是好幾世的家人，這一世又來相會，您的鄰居、情人、恩人、敵人、仇人、同學、長官、部屬、同事都是因緣和合才能相識，所謂有緣千里來相會，無緣對面不相逢，聽說您一生中，生活週遭所接觸（受）的，所有人與物，都與您幾世來有因緣際會的關係，您信乎？傳說女兒是上輩子父親的情人，基於這個說法，能在餐桌上讓您分享的食物，如豬、牛、羊、雞、鴨、魚、蝦等都與大家有不可思議的因緣果報關係，我們可以吃到來自世界各地的蔬果、魚肉，如美國、澳洲、紐西蘭、日本等地的牛肉，北海、北極加拿大的冰魚、鱈魚及智利的蘋果、秘魯的大蒜，不遠千里空運來臺，這份緣不是排列組合可以計算的，是否列入無解的人生習題。

今舉幾個巧遇的例子說明不可思義的因緣：

一、八十四年底紐、澳半月遊，在布里斯班機場遇到七十四年班畢業學生、他喊我主任，一問原來是剛結婚前來度蜜月，在異國遇到熟識的人真巧。

二、幾年前到奧地利旅遊，一天在維也納逛街，看到幾位騎自行車掛著中華民國小旗子的隊伍，親切向前打招呼，領隊竟然認識我，那是七十年他留校當排長我當營長的因緣，內人同事都很驚訝如此巧遇。

三、前些日子在國父紀念館聽了一場音樂會，散場人群中一位穿著旗袍的女士看到我，覺得彼此很面熟，最後想起是士林社大的老同學。

四、半月前參加瑞牲夫婦召集中部一日遊，在參觀三義舊火車站時，內人遇見五十年未見面的鄰居，同桌吃飯彼此介紹另一半，聊起兒時的點點滴滴，他們定居美國多年，想不到此趟回來卻在旅遊中邂逅，緣續。

以上說明，人一生一世的情緣是不可思議的奇妙，您在意或不在意，信與不信都不重要，如果您留意生活週遭的人、事、地、物都有不可預測的關係存在，發生任何喜、怒、哀、樂、憂、恐、懼都有輪迴，因果是會在冥冥中顯現。這是我從佛學的觀點談論的一些淺見，請參考之！

寫於二〇一三、六、一九

70 厚德才能載物

——談能吃就是福

參加喜宴上，看到有些人對高蛋白、高普林、高膽固醇的食物如香茹、紅蟳、魚蝦等海鮮、牛、羊紅肉都很少動筷，滴酒不沾，問原由，為了健康，醫生特別交代，憶年輕時能大吃大喝，能睡能拉，不知節制，步入中、老年以後，健檢報告資料三高，不得不控制飲食上的吃喝，回頭再思考前人說的：「能吃就是福」確實是有幾分道理。

常聽到有此一說，人一生中有多少福報是老天爺賜予的，說明白，這一輩子該吃多少喝多少，是前世修來的福報，您要好好惜福不可浪費。如果吃喝無度，蹧蹋卯糧，將一世的配糧提早享盡，老天爺就調銷您吃喝執照，生命將提前結束。社會上常見年紀輕輕就往生，與一生的福報享盡，不無關係，邏輯上不是絕對，但健康與飲食是有必然關係。這是勸勉人的修行，要做到知福惜福，才能慢慢享福。

談到「厚德才能載物」。「德不配位，必有災殃」。（註一）易經上所言，千古不變的哲理。

最近看到于丹教授（註二）說：滿桌佳餚，你得有好牙；腰纏萬貫，你得有命花；賞一路風光，你得走得動；揀一座金山，你得能夠拿。真是至理真言，仔細思量，福報豈非人人公平享有，端看個人造化。最近在我健群行腳蒐集兩篇智慧文章提供註一、註二，點閱後您將有不同的思考。

寫於二〇一三、六、二三

註一：厚德才能承載萬物。德不配位，必有災殃！
http://tw.myblog.yahoo.com/jw!h2DWdMWFBUZgEEGk.jjwzA--/article?mid=5868&prev=5911&next=5813&l=f&fid=10

註二：北京師範大學教授于丹說：我們所有的財富、智慧，我們的一切，老祖宗用一個字來代表叫物。
http://tw.myblog.yahoo.com/jw!h2DWdMWFBUZgEEGk.jjwzA--/article?mid=6365&prev=6368&next=6358&l=f&f

71 流行的魅力

——從智慧型手機談起

有感每個人的一生，從小到大；從年輕到老，在生活的每一階段，許多的事與物都會跟著時代的趨勢走向，這是一股抵擋不住無形的力量牽引著，這種風尚就是潮流。從日常生活的食衣住行都離不開時代的演變。

以電子產品為例，因為科技日新月異，流行的腳步特別明顯，以智慧型手機來說，這半年來在公車上、捷運上、在高鐵上甚至咖啡廳、餐廳，凡是有人群聚會的場所，人手一機都是低頭族，大部分是年輕人，不乏一些中老年人，不久前我還不恥此現象，如今也身陷其中，才發現手機上網，可以立刻瀏覽E-mail、點閱部落格、傳Line簡訊、傳照片都很便捷，誘因是非常快速又吸睛。

我很佩服一些人，不用手機，不使用電腦，從二十世紀邁入二十一世紀的現代人，生活步調趕不上e化的電子時代，問其所以，往往以傷神、傷眼力，上網花錢當藉口，這些人，生活交際比較單純，或許資訊對他們沒有立即的需求。但總覺得墨守成規的思想觀念，是進步成長的絆腳石，每天從資訊網路得到的學識、知識、常識不僅是精神糧食，擴展視野好題材，亦是終身學習不可不知的人生智慧，這是我使用電腦多年來最大的收穫。

我常說：世上事與物沒有絕對的對錯，生活習慣如是，行為本身亦如是，端看個人需求的價值觀，沒有批評，更不論是非，寫些內心所感而已。

寫於二〇一三、六、二七

72 樂忙的生活

——有益身心健康

退休後要擁有樂忙的生活，才能獲得身心的健康，安享高壽的晚年。看到許多八、九十歲的高齡老人都具備此一條件：「為參加許多的交際活動而樂忙」。我們發現活動越多的人，生命能量越強。

憶當年主持健康長壽早餐會的何故將軍志浩先生，享壽一〇三歲，何公是最好的見證，他除了每個月參加健康長壽早餐會、中華粥會之外，許多的藝文活動都很熱心參與，就我所瞭解凡音樂會、演唱會，他都以貴賓身分應邀參加，我們早餐會從何公一百歲為他慶生祝壽到一〇二歲連續有三年，後來早餐會何公缺席，問原因是兒子認為年紀大不宜外出拋頭露面，為限制行動，最後還將他送到安養院，友人關心前往探視，何公感嘆說：「沒有自由、沒人談心，非常寂寞」。住在安養院幾個月就過逝，令人惋惜，我們都認為是他兒子的錯，晚年最需要朋友談心，最怕孤獨寂寞，足以見證樂忙是活的動力。

大家熟識且尊敬的許老爺歷農上將，今年高壽九十有五，目前除了擔任新同盟會會長，去年剛成立民主團結聯盟，各愛國政治團體聯合會，各政黨負責人共同推崇許老爺為召集人，退休後的許老爺自稱：「依然忙於諸多社會活動，特別為和平發展不停地奔波兩岸」。全省新同盟會各地分會，每召開會議，必親自與會。如此忙碌的他，都能喜悅的參與，沒有強健的身心及體力豈能勝任。

中國全民民主統一會現任王會長化榛先生，民國八十九年從已故陶中將滌亞會長生前面諭接掌會務，至今十幾年，每年參加海峽兩岸和平促進會在大陸各地開會，如今雖已八十有七之齡，仍精神奕奕，每週有三、四天參加各項活動，目前仍任民主團結聯盟執行委員、新同盟會、黃埔四海同心會顧問、中華民國退休警察人員協會總會常務理事、各省市同鄉會總會常務理事、中央警察大學校友總會顧問、臺北市退休警察人資協會名譽理事長、臺北市江蘇省同鄉會常務理事、臺北市鎮江旅臺同鄉會理事長等社團法人各項要職，舉凡政治團體、退休警察協會、同鄉會以及中華保全協會，每年年會、不定期的代表大會、社區每月的開會，雖然忙碌有加，但都能親自參加，據我所知每年參訪大陸各地四、五次以上，我打從心底佩服他這份精神。

以上介紹三位德高望眾的長者，退休後都是典型忙碌最好例證，雖已是高齡老人卻有充沛的精力、體力，證明樂忙於多項活動的人，不因年高而影響身心健康，反而強韌其生命力。反過來看一些退休後，很少參與社交活動的老年人，身心老化就比較快。我參加每月一次的健康長壽早餐會至今二十七年，八、九十歲高齡老人，個個老當益壯是有目共睹的事實。總結說：「要能活得健康，要樂忙於活動」。

有感寫於二〇一三、七、二

73 談身心苦

聊談中問起人生的苦有那些？大多數的人只知生、老、病、死四種生理上的苦，很少人能像佛陀很明白說出，人生的痛苦是指離不開身心的八苦。後四苦又偏向心理的苦，愛別離苦、怨憎會苦、五陰熾盛苦、求不得苦。

簡單的說，出生時母子都苦，老了因病苦，死了生命解脫，真能了苦嗎？和自己所愛的人，生離死別是苦，即恩愛別離苦，包括親人、愛人；和自己不喜歡的人相見相處也是苦，怨憎會苦；我們的身心在五陰熾盛下也是苦，可以說，就是色、受、想、行、識五種障蔽與燃燒使我們聚集了這些痛苦。人心永遠不能滿足，也就會所欲不得苦。

佛陀一生中講經說法，希望世人能了脫生死，離苦得樂，簡單八個字，卻是人一生追求不得。生老病死是時間上、生理上過程的必然，最後走向死亡，自古至今世人都不能倖免。

心理上的愛別離苦、怨憎會苦、五陰熾盛苦及所欲不得苦，這四苦，在修行者的身上可以在情緒上淡化，在世俗凡人中卻是心中永遠的牽掛。

生命契約常說：「生是偶然；老是當然；病是突然；死是必然」。這是宿命說法，記得一位長者說：「生要生得好；老要老得慢；病要病得輕；死要死得快」。我想這四句話比較貼切，後三句話是可以自我修練養生。其實生命中的八苦是可以自我調適，自我取捨的，端看您的一念之心。

寫於二〇一三、七、五

74 生活週遭的無常

生活中的人事地物，每天都有無常變異，有喜有悲的人生，是本然。但見至親好友，突然離別，或遠走他鄉異國，竟然就是永別；或驟然意外往生，傷痛天人永隔，不論是前者或後者，事事難料，這就無常中的正常。

每天看到新聞，來自全球各地，多少天災人禍，多少意外死亡，或爭戰傷亡，或政變流亡、或缺糧餓死、全球七十幾億人口，每天有成千上萬的人出生、老死、病故、生死之間好像是很平常。如傷亡變故的是，週遭您所認識的至親好友，一時都會很難接受。之所以有愛恨情仇者、有悲歡離合者，都是我們有情因緣和合的感受，對發生異國的災難，往往因事不關己，心情上就沒有那麼悲傷難過，此人之常情。

傳說此生的父母、兄弟、姐妹、夫妻或遠親近鄰、長官、部屬、同儕能相聚一起，都是上幾世結下的因緣，今世才能再相逢，要珍惜此生的因緣和合，不論是幾世來的恩人、仇人或是冤親債主，是報恩、報仇、討債、還債，有緣方來，無債不來。我們當以慈悲心善待去包容別人，以智慧善解去寬恕別人。如此就可以結下善因善果。說來玄之又玄，不可信，卻有幾分可信，因緣必有果報，這是因果定律。

這兩天報載：火場救災，兩消防員殉職；暑假伊始，學生遭海浪捲走溺斃；韓亞航波音777六日於舊金山機場，著陸時發生墜機意外，確定兩人死亡，數十人受輕重傷。這些不幸意外事件，每天發生，層出不窮，這豈是生命的無常。每天所見、所聞，離不開身心的八苦，我們當以平常心來看待，如果您每天抱怨、批評、指責別人，您就不會快樂，凡事以感恩的心，以正面樂觀的心情去面對，則心平氣和，心情自然愉快，健康長壽自有期。

寫於二〇一三、七、七

75 天生我才必有用

當年參加某次考試的論文題是：「有教無類」。八十七位與試者因論文不及格被取消參加複試資格者有一半，論文評審是聘請三位中文系教授個別評分後，總平均六十分為合格，如此客觀、公平、公正當不在話下。

在公平競爭原則下，許多考試成為舉才甄選的唯一選擇，如高普考、各種專業性特考，如司法官考試等等，就成為國家錄取公務員任用資格的標準，這是無可厚非。但會讀書會考試的人就是優秀者？不盡讓人懷疑，德智體群美，智育只佔五分一，純以智育取捨是有欠公平。如今多元社會中，能展現特殊才華的人，有另類的成就，是讓大家能認同肯定的。

一些專業性的工作如藝術工作者、演員、歌者、各種球類運動員，他們有不一樣的成就，是因為來自天生我材的天賦，書不一定讀好，在行行出狀元的多元化社會中，會跑會跳、會打球（高爾夫、網球、棒球、籃球、花式撞球、桌球）只要參加世界性比賽，得了名次，功成名就，聲名遠播，揚名海外，回國還可以領到高額獎金，身為家長如子女有此天份，無不引以為傲。

每個人都有天賦不一樣的才華，身為父母、老師如能及早發現，協助因材施教，從小就培養訓練，將來必有異於常人的成就，關鍵在誰能及早發掘，一些數學、藝術、音樂、體育等，有天賦異秉的才能，其成就是可期的。今天我們看到各行各業的達人，其實是人才擺對地方，適才適所才能發揮才華。

社會的變遷，改變傳統的價值觀，往昔不看好的行業如獸醫、牙醫、整型醫師、廚師、烹調師、營養師如今都成為很夯的行業，因為生活休閒養寵物、重視牙齒保健、美容養身、享受美食，人們帶動這些行業的時髦，誰說成功創業非得要努力讀書？

寫於二〇一三、七、一一

76 打亂了生活的步調——停電

因蘇力颱風來襲，一些地區斷電，居家生活立即帶來許多的不便，我家從清晨兩點斷電，直到上午十時才恢復供電，這十二小時已經體會到無電的痛苦。我們都知道，大自然的三寶：陽光、空氣、水；因為容易取得，不覺得它們存在的重要，就像生活中用電的方便，而漠視它存在的價值。

晨起面臨燈光、電視、電腦、電鍋、電熱壺、電冰箱、烤箱、洗衣機等電器類的停擺，才警覺沒電的日子，確實會打亂了生活的步調。日常食衣住行育樂中，沒有一項不與電力有關，各行各業的生產、產銷，銀行界、股票市場交易，款項進出、存入，全部依賴電腦，交通號誌故障，行人與車輛陷入混亂；高鐵、電聯車、捷運停駛，上課上班停頓；辦公大樓沒有空調，公寓大廈沒有電梯，水塔馬達不能抽水，生活上立即陷入困境。沒電可用，帶來生活上、工作上的不便，不言而喻。

聽說科技愈進步的國家，文明愈發達的社會，用電量越大，用紙量越多，最近為了是否停建核四，社會上贊成反對的口水不斷，我們是一個沒有能源資源的國家，用電量耗大，核能發電有其必要的存在，不要為反對而反對的言行，而抹煞、忽略生活上實質的需求。

寫於二〇一三、七、一三　午

77　難忘——同學情可貴

我常說軍校同學情深其來有因，四年學生在校朝夕相處，寒暑假時間很短，不同系別，接受校外暑訓又打成一片，這種革命情誼，從學生時代就培養建立，比起一般大學四年同窗，情感自然深厚不在話下。畢業後分發各不同軍種服務，二、三十年在職務歷練中，工作上成為伙伴、長官、同事、部屬有之，如今大家都從職場退休，每次的聚會在喜宴上特別熱絡，大家常掛在口中的一句話：「多見一次，賺一次」。說得很正向、很樂觀、很健康。

有感以上所言，談到上週幾位同學結伴旅遊，我們一行三部小客車，四對夫婦加上四位女同學，六天五夜的環島之旅，全程一千七百多公里，由臺北出發第一天住宿宜蘭，第二天遊花蓮，同學午宴歡迎，午後舊地重遊許多名勝如太魯閣、國家公園、鯉魚潭，第三天遊臺東，走山線到玉里又受到同學熱情招待，轉海線到長濱遊七星潭，造訪同學，參觀山景遠眺太平洋，夜留台東看同學，卡拉ok歡唱跳舞。第四天抵臺南，午享當地有名小吃，晚在高雄接受盛宴見到久違同學。夜晚趕到嘉義農場已近午夜，夜宿於此，三對同學夫婦作陪喝茶、小酌、吃當地水果，從臺北來的同學享受熱誠招待。翌日晨起遠望曾文水庫，山湖美景盡在眼前，同學夫婦帶領採香蕉，體會果農的辛勞。近午再訪另兩位農場好友品嚐菠蘿蜜榴蓮美味、旦蕉、椰子，讓大家留下難忘回憶。午餐是安排在大埔享水庫的風味魚宴。從嘉義農場到臺中要二個半小時，晚上臺中同學在英雄館款宴兩桌又見到幾位鮮少見面的同學，第五天晚夜宿臺中，因英雄館只剩三間套房我與瑞華兩夫婦打擾鴻洲兄賢伉儷，第六天一早趕桃園，午嵩懿兄設席兩桌，請來多位同學作陪，把酒言歡，午後一路北上，結束愉快六天五夜環島之旅。

此次由北到南一路返北，受到當地同學熱誠接待又贈送伴手禮名產、水果，文圖均詳載於同學部落，此文未逐一列名致謝，一行十二人由東的感謝，欠的一分情當存留心中，何時有機會當回報。

寫於二〇一三、七、二四　晨

78 方向感也是一種智慧

人生許多的智慧是天生的，當然也有是後天的學習。以方向感為例，許多人很會認路，凡走過的地方都留下深刻的印象，對我來說，會認路的人我很佩服，因為我是大路痴。

友人之間不乏像我一樣路痴者，我們很無奈，最怕開車到陌生的城市，鄉下還好，道路寬、人車少，最重要的是問起路來，熱心導引，帶路有之。最近路經宜蘭，下交流道進入市區，前往後火車站的道路上，沿途就詢問許多路人，最後同車的阿桂嫂乾脆請年輕的摩托車騎士帶路，竟然沒有拒絕，想來是漂亮女生的優勢，讓三部車能順利赴約。鄉下人可比城市人熱心，這是大家公認的。

我的路痴非常嚴重，剛走過的路再回走，就找不到方向，舉兩例自感慚愧的事：

其一：數年前在內湖舊宗路辦了 Costco 會員卡，從住家開車有二十分鐘行程，路經外雙溪進入自強隧道，到大直北安路底，再轉堤頂大道，直行左轉再直駛即可，這簡單的行駛路線，我有四次的迷路紀錄，有一次開上民權大橋，眼看 Costco 就在橋下，再回頭也找不到下橋的路，說來豈不令人見笑。

其二：二〇一一年仲秋夜，一行六人在山西平遙古城歡度，翌日一早與同學（也是大路痴）逛古城，沿途大街小巷，轉彎巷道甚多，深怕認不得回來路，明顯建築還照相存記，半小時路程即往回走，走不到十分鐘就迷失了方向，因為叉路太多，走錯一叉路就陷入迷宮，幸好帶上「熙仁泰賓館」的名片，沿途問路，才回到住處，雖有驚無險，但緊張的心情，死了不少細胞，有害健康。

美國哈佛大學心理學教授迦納博士（Dr. Howard Gardner）提出：人類的八大智慧其一是空間、方向感。智力測驗之一的積木換個方位，最讓我頭痛，足見空間與方向感是息息相關，寫到此必須承認迷路是有原因的。

二〇一三、七、三〇

79 談富貴、名利、權位

人的一生汲汲追求的不外是富貴、名利以及權位。俗云：「貧困者追求富貴；富貴者追求享樂」。這是天經地義的事。孔夫子說：「富與貴，人之所欲也；貧與賤，人之所惡也」這是人性。司馬遷說：「天下熙攘，皆為利來；天下擾擾，皆為利往」。這些話道盡了人的基本欲求與願景。生命要追求的，似乎離不開富貴、名利加上權位。唯聖人、苦行僧、修行者例外，如德蕾莎修女、弘一法師，一輩關懷別人、助人，自己生活清苦，但甘之如飴。事實上人一生所追求的東西是短暫的、是一時過度的，到最後是：「生不帶來，死不帶去」。結果雖然是一樣，但為何人人苦苦營求呢？因為要享受生活過程中的安逸與舒適。

生活事事中，有些事是只問結果，過程並不重要，有些事是過程重要，結果也重要，如求學過程很重要，最後取得文憑學位更重要，但唯獨生命的過程比結果還要重要，因為人一出生就慢慢走向死亡，所以有生之年會期待，物質生活富裕享受，精神生活幸福快樂。佛說：「離苦得樂」。但這非人人所能如願，人之所以不平等，往往從出生伊始的國度、地點、家庭背景、生活環境，就有許多的不同，立足點不平等，學習的條件不同，將來成就不同，有宗教信仰的人就告訴您說，這些人是幾世修得的因緣福報，這輩子才能享受此功德，勸人積德行善、修福修慧，有些人一生勞苦，三餐不繼，相較之下覺得很不公平，歸咎於命運各有不同，只能認命。

努力可以成就事業，也非必然，許多企業是幾世幾代建立的家族事業，子女自然繼承，坐享其成有之，在威力彩券、大家樂彩券發行後，多少幸運者一夕致富，命也，運也。每人追求富貴、名利、權位的方法不同，成就不同，不必太羡慕那些擁有的人，當有一天走完人生旅途時，一切的富貴、名利與權位都隨之消逝。話說回來，生命的過程要活得精采、亮麗有意義才最重要。

寫於二〇一三、八、一

80　從一把牛角梳談起

日常生活中，一些常用的物品、或飾物，能讓您睹物思情思人，不在乎東西價錢多少，有的實用，有的擺設觀賞，都值得紀念、懷念，這是多麼彌足珍惜。

話說十幾年前在臺大服務時，一位同仁送一把牛角梳，每天早起必使用，禮輕情意重，貴在實用；錦璋兄在花蓮服務時，託人送我一個花東特有的紅碧玉，兩巴掌心大，因材質密度高，很沉重（約九公斤），顏色像暗紅豬肝色，俗稱豬肝石，擺設客廳，睹物思人。桃華兄送我一條鱷魚皮帶，偶而配帶，必念起同學這份情。退休後每天泡茶，除了買些喜愛的茶壺，友人也陸續送我大陸宜興壺，好友吳博士夫人黃女士，每年特別訂製限量茶壺，刻上年份名字，贈送親朋好友，我有幸是受贈者之一。泡茶持壺能長相回憶。如今也擁有數十隻品質很好，值得收藏的好壺。二〇一〇年、二〇一一年秋，先後兩次到山西芮城拜訪好友，承蒙鳳梅人報發行人劉總編焦智兄，熱誠接待，臨別贈送中國景德鎮高檔餐具、茶具，並刻上名字，永遠紀念。

在人生的旅程中，因工作職務的異動，長官或同仁以獎杯獎牌相送，累積不少紀念品，其中一把指揮刀是卅年前服務母校，任職學指部訓導主任的紀念，懷舊才知時光流速。能送一樣實惠的小禮物，讓親朋好友時時念著您，是友誼長存最好的投資。

寫於二〇一三、八、二

83 我們這一班—舞在士林公民會館

我們是一群復興崗五十七年班畢業的同學，因為志趣相投，學舞相聚，畢業將近五十年後，二度成為同學，這要歸功於有熱心的海光同學，尋尋覓覓找到士林公民會館場地，華淼當選同學會會長，允諾義務教學，巧蘭副會長責無旁貸負責教女步，難得的是他倆都持有舞蹈老師執照的資格。在因緣和合下，本班於二〇一二年十二月正式成立。

本班成立，大家公推海光為教育長，選了玉珍、榕榕兩位女同學輪流擔任班長，負責收取並保管班費及續租場地事宜，由本人專責舞曲播放。本班每週一、二上午九時~十二時是上課時間，到課者每人繳交五十元，做為場地租借基金，累積款除支付場租費、冷氣費外，每月專題講座資料印製及每月慶生會準備蛋糕，校外教學，組團旅遊補助等之用。

本班成員以同學為主，並歡迎攜眷參加，原先有五對夫妻檔，陸續有人要照應孫子，無法持續，目前開放學長學妹參加，成員人數多達廾人，好不熱絡。每週有兩次的上課，見面大家談笑風生，非常熱鬧開心。

八個多月來，每月教學一種舞步約六至八式，已教過slow探戈、三步吉魯巴、恰恰、倫巴、華爾茲、四步普魯斯以及英式探戈，年紀大容易忘，只好多勤練多複習，如今從新溫故，並再增加舞序，老師要求大家舞姿要從社交舞中，進步提升到國際標準舞。大夥雖都坐六望七之年，仍然努力學習，興緻很高。目前班上有女同學十來位，男同學有八位，大家相識近半世紀，退休後能每週學舞一起，誠為難得，憶學生時，因不同系別，男女同學鮮少往來，如今反而無拘無束，一起學舞，說來真是遲來的緣。另外本班每月舉行乙次專題講座，得以有終身學習機會，針對保健養生及提昇身心靈的哲學修養課程，對增長學能上，大有裨益。我們竭誠歡迎有興趣的友人一起來學舞，共襄盛舉。

84 釋懷「冤親平等」

引用【索達吉堪布】：

我們前世最有緣的眾生，今生可能特別討厭；

今生依依不捨、感情上特別執著的，卻往往是前世的怨敵來討債。

所以，依靠佛理來觀察，若對一個人特別耽著、從心底特別喜歡，說明這個人曾是你的怨敵。

而你即生中特別看不慣的人，很可能才是前世最執著的親人。

以上這段話如可信，那麼今生今世所接受的福禍、善惡、苦樂都可以在心中釋懷。因為您必須去承受。

每一個人是否全然相信因果？佛法說：欲知前世因，今生受者是；欲知後世果，今生作者是。這就是因緣法所說的三世因果論。

我們常看到一副對聯：「夫妻是緣，善緣孽緣有緣方來。」「子女是債，討債還債無債不來。」此語正是因緣法最好的注解。

前世今生到來生，雖只能看到今生，但只要把握今生，當下起善念，則不怕來生受苦受難。

寫於二〇一三、八、一二

85　佛光山研習感想之一

——一年才見一次面的朋友

二〇一三年全國教師佛學夏令營在佛光山舉行，連續四年我都沒缺席，這十多來，均以佛光山台北教師分會會員報名參加，過去每年寒暑假佛光山舉辦的全國教師生命研習營、禪修營也經常參加，去體會不同課程，不同生活的學習。

這十多年來在佛光山的佛學研習，收穫之一，得以認識來自全省各縣市的教師友人，每梯次少者一、二百人，多者四、五百人，當然有緣編在同寢室的，及同組的老師最先認識，古人說：「十世修得同船渡，百世修得共枕眠。」這是幾百年修來的緣份，四天生活、學習在一起，很自然就認識了彼此，很巧的是有多人的經驗，不只一次而且多次編在同室或同組，在排列組合中是有可能，也許是特別有緣才有此機會吧！

這四年來我只參加佛學夏令營，寒暑假的生命教育就讓現職的老師得以現學現賣，大家見面成為一年只有一次的機會，我很期待相約在佛光山的相見歡，一年容易又見面的難得，也同時又興奮可以認識新室友、同組研討的老師們，形容一年見面一次的朋友很恰當吧！

寫於二〇一三、八、一八

註：中國人講一世是卅年，根據孔子三十而立。

86 佛光山研習感想之二

《佛說父母恩重難報經》

四天三夜的佛學夏令營，晨起的早課是誦經，雖未規定人人參加，但幾近全員到齊。全世界有佛法的地方，本月都是教孝月，三天早課安排誦：「佛說父母恩重難報經。」大部分老師都看過此部經典，但也有第一次唱誦者，這是非常殊勝的一部經典，全都誦完約卅分鐘。

早課時間是 05:50 到 06:30，我們必須在 05:40 排隊依序進到大雄寶殿，男眾女眾分別在正殿兩旁，皈依居士及法師、師父最後進場，每人手持經文，隨師父唱誦，儀式隆重莊嚴，人人虔誠誦念，身心靈即時融入，內心感到無比安詳。經文內容讓人感動，為人父母、子女誦唱此經無不動容。兩千五百多年前佛陀向阿難尊者的開示，令人不得不佩服的是，佛陀將女子懷胎一個月，詳解到十個的成長過程，當時的醫療沒有現代的儀器可以掃瞄，但以他睿智的慧眼，透視胚胎每月成長的細緻，至今能成為經典不無道理。

87 佛光山研習感想之二

《解行並重出坡作務》

研習營課程表中，《解行並重出坡作務》有九十分鐘，大家正疑惑出坡作務是分配何事？我們組長告知一、二組三十幾人，負責大師著作：「人間萬事」十集裝入套裝書盒中，是室內的工作。得知他組有分配到室外環境打掃、室內淨房清潔以及客房整理等出坡作務，外面正下著雨，室外工作就比較辛苦，比較下心裡慶幸著。（真正修行者是不應有分別心、比較心）。

出坡一詞源起過去寺廟大都蓋在山坡上，修行者勞動都要上山走坡之意，語意勞動服務，這是狹義的解釋。廣義來說：凡是對寺廟一切事務工作付出勞心或勞力的工作都是。此次我們一、二組作務是將一至十冊的金玉滿堂教科書裝套。開始人多意見多，大家都有自己方法，要如何分工合作，快速完工，集思廣義下，終於達成共識，我們從第一冊按順序排到第十冊，每人從前走到後取到十冊，送到最後有人負責裝入書盒中，如此生產線流程，熟練之後，速度加快，整整花了一個多小時，最後裝箱，成果斐然完成了一千五百多套，負責的師父很滿意。

解行並重是佛教有修有證最好的註解，也是師父能以身作則，言行合一的表率，有時候，懂了這麼多的佛學，光說不練也不夠。有的人講經說法，很會講，但是沒有修證，所以必須要有解有行，最起碼要能明心見性，或是念佛念到一心不亂，自己的心性能夠突破。星雲大師書寫行解並重一筆字，就是勉勵大家要能知道也要能做到。

勞務工作要講究方法，也要有些技術，凡事熟能生巧，如此簡單的作務，處處是學問，大來都是第一次經驗，但滿心的歡喜，凡事能無怨無悔，心甘情願，必生歡喜。

寫於二〇一三、八、二二

88 佛光山研習感想之四

《宗教修持體驗／禪淨共修》

課程之一《宗教修持體驗／禪淨共修》有三個選擇，抄經、念佛、禪修。不同禪堂，不同師父，不同體驗。只能選其一，我選了禪修靜坐，說來這些課程，都是要調伏您動念的心。

從小印象直到高中畢業，都住日式榻榻米宿舍，習慣盤腿而席，單盤容易雙盤亦不難，目前坐在電腦前亦經常盤腿而座，習慣成自然，參加禪修的盤腿輕鬆自在，慧僧法師禪修開示前，要大家先跑香幾十分鐘，「提起正念」、「照顧所緣」、「放下妄想」、「一心不亂」不斷提醒，讓大家把心安靜下來，在禪修靜心的氛圍中，您的心自然被懾服。一片安詳，法師不時提醒不妄想，心總不聽使喚，無遠弗居，收心真難。

禪修就是對於心的訓練，可以減少我們的執著，拓寬我們的心胸，使我們的心清明、堅忍、平靜，使我們的身體柔軟、堅韌、無病。其實生活中的工作、吃飯、睡覺，每一個活動，你都在禪修中。

一些人認為打坐就是禪修，人在精神好的時候，可能分泌出一些有益的激素、酶和乙酰膽鹼，這些物質有利於身心健康，能把血液的流量、神經細胞的興奮調節到最佳狀態。相反終日鬱悶、憂傷、緊張，就會使這種有益激素分泌紊亂，內臟功能失調，引發各種疾患。禪修可以使我們散亂的心態，逐步歸於凝定，使思想清明而愉快。心定則氣和，氣和則血順，不但可以祛病強身，而且可以去除主觀的迷妄，增強定力，由定發慧，並激發人體的特異功能和潛能，獲得身心的健康。「定、靜、安、慮、得」說起來容易，起而行最難。身心健康不可或缺的條件是情緒要好，心情要好。

九十分鐘的禪修靜座，調伏散亂的心，多少人一天能靜心思過、反省、懺悔，這些都是宗教信仰中，非常重要的修為。有空您早晚靜坐，自然可以聆聽內心世界，通往自我省思的境界，觀想更高層次的思維。

寫於二〇一三、八、二三

89 佛光山研習感想之五

《生活學習在雲居樓》

四天三夜的生活與學習都在雲居樓，這是現代化的建築，有中央空調、有電梯直上七樓。1F是餐廳、2F、3F是上課教室、4F、5F是提供研習學員生的住宿，6F、7F是法師及貴賓的居所，最有特色的是餐廳與教室寬長但沒樑柱，這樣的建築當初是星雲大師堅持的構想，設計師的突破，很有創意，很少看到。

六人一間、兩套衛浴，上下課或用餐可直接搭乘電梯，或走路上下樓梯，一切設計都有考量，平時很少爬樓的我，每天上下七十階梯，來回於餐廳、教室、曬衣場，有七、八趟，對膝蓋雖不是很好的運動，但樓層臺階寬度很大，不覺費力，這就是人性化的巧思。餐廳同時可容納二、三千人過堂（用餐），教室可供七、八百人上課。

生活作息、上課學習、飲食用餐都使用一棟大樓，在一般學校是很少有，佛光山這裡，每年提供上千上萬的海內外學子，辦理佛學研習、禪修等等活動，四十多年來受惠法師、學子、佛門弟子、信眾何止千萬，我們一年又一年回山接受教育，是身心靈最好的修持，懷著感恩的心，每次聽到法師的講課說法，都有不同的體會，深信學習是最好的成長。

每天早課的誦經禮佛，莊嚴殊勝，在大雄寶殿內，雙手合十禮拜諸佛菩薩，內心油然而生的慈悲智慧，當下就是受到佛陀的加持。這也是我每年期待參加佛學夏令營的誘因吧！

寫於二〇一三、八、二三

90　佛光山研習感想之六

《參加全國教師佛學夏令營課程回顧》

有幸這四年來都參與佛學夏令營的研習，感謝國際佛光山中華總會以及南華大學的主辦，精心課程的設計安排。從二〇一〇年至二〇一二年持續三年，人間佛教的修行次第課程，依序是「普提心、出離心、增上心」。圓滿三年者獲頒聘任為全國教師佛學夏令營輔導員，特頒證書。是一份收穫，更是一份榮耀，非常殊勝難得，有一百多位老師獲得。

今年課程安排人間佛教法要，宗旨是提昇教導素養，嘉惠學子；深入正信宗教，增長智慧；多元學習參與，進德修業。課程講授內容分別有：發心與發展／心保和尚。自覺與行佛／慧開法師。尊重與包容／慧僧法師。自然與生命／慧昭法師。公是與公非／覺培法師。每位法師精闢講解，幽默風趣，一般人認為法師都是嚴肅且道貌岸然的刻板印象，在他們身上是看不到。因為他們都能以「入世的態度做事，以出世的態度做人。」「『出世』～遁入空門、清心寡欲、萬事皆空；『入世』——步入煩世、宣揚佛法、弘揚文化。」事事要身體力行，以身作則，真實不容易。

時間雖然很短，深信每人獲益良多，尤其幾次的分組討論及分組報告，真正體會解行並重的重要，集思廣義，交換心得分享，別人的經驗報告，更具足珍貴。

您認為呢？

寫於二〇一三、八、二四

91　人生感悟

《生死由命，富貴在天》

「拗不過命，巧不過命，能不過錢，算不過天」。說明人生富貴、功名、權位都是不能強求的，命中早有定數，但也不是不能改變。了凡四訓的袁了凡，就印證所謂「造命者天，立命者我。」命運確可轉移，靠的是斷惡修善，積德修福，諸惡莫作，眾善奉行。自能命由我作，福自己求，最終改變了自己一生的命運。

最近報載兩位名人英年早逝，其一，長庚臨床毒物科主林杰樑醫師；其二棒球名總教頭徐生明先生，兩位先後突然驟世，大家都非常不捨，才五十五歲的年紀，他們卻能活出生命的價值，對社會貢獻心力，獲得大家的認同肯定，因為從他們的生命中散發出光與熱，正面的影響到許多人。

常言道：「修福不修慧，福中也造罪；修慧不修福，慧中也糊塗。」因此勉人要「福慧雙修。」佛法勉人：「智慧」與「福德」二者，有如鳥之雙翼，車之兩輪，缺一不可。學佛人必須「福慧」雙修，方能究竟達到「兩足尊」（即福、慧皆圓滿具足）的最高境界！生命的終點是死亡，是必然，人所追求的是活在世上的價值，說來抽象，簡單來說，就是所言所行都能利益眾生（家庭、社會、國家），並非做大官做大事者才能為，凡夫走卒亦可為。記得一部外國影片「一路玩到掛」，結尾所說，您這一生中有沒有過得很快樂？有沒有幫助別人得到快樂？簡單的兩句話，其實就說明人生的價值。記得有人說，生命不是用來尋找答案；也不是用來解決問題的；它是用來愉快生活的。這就是佛陀所說：「離苦得樂。」

生命的長短不重要，世人卻很渴求能長命百歲，以現在生活的條件、醫療科技、重視養生，都已走到高齡老化社會，但活得久的先訣條件是：「長壽不如健康，健康不如快樂。」

寫於二〇一三、八、二七

92 流逝歲月的無常

誰都曾經年少時，小時候渴望長大，記得小學三、四年級，坐在父親一張辦公桌，腳踩不到地板，心裡想著趕快長高，進了初中，讀了高中，在十七、八歲的青春年華，就快樂的自以為真正成了大人，上了軍校，四年中除了修畢大學學分課程，寒暑假仍要接受各種軍事訓練，如通信、駕訓、傘訓，少了一般大學生活的自由多采，多了一分吃苦耐勞的精神。當年衣食住行無虞，不必家裡操心，是讀軍校最大的福利，自己心甘情願，只能隨遇而安，當年苦樂的日子，如今卻留下一生難忘的回憶，同學見面總是話當年，這是為什麼大家稱羨軍校同學感情深厚的原因。

感傷歲月的腳步，流逝了青春、中年、壯年、步入年輕老人，最大的感傷是看到有些同學身心健康出現警訊，每次見面就聽到某同學住院、或進了加護病房，都是生命最大威脅。喜悅的是許多同學，如今都已成公成婆，含飴弄孫，雖是歲月的法則，其實是人生的過程，憂喜悲痛本無常。同學即將邁入七十之年，身心漸入老邁，有些同學會豁達於用錢的觀念，請友人吃飯說是用遺產，經解釋原由，您的錢沒用完，留給子女就是遺產，用了才是自己的。一友人解釋，是兒子媳婦請客，何故？用不完的錢，最後是留給兒子媳婦，說來很有道理。可是又能有多少人能捨得，將一生所賺的錢，在有生之年都花光，值得思考？

對我們上一輩的父母，生活歷經苦難，一生節儉刻苦，習慣省吃儉用，要他們花費吃喝、旅遊是捨不得，我認識一老師退休後，到世界各地觀光旅遊，在杜拜花十萬臺幣住宿一晚，何以捨得？體會純金打造的設備用品，我會捨不得，這是價值觀認知的需求不同，多少人一輩子賺到家財萬慣，一生卻捨不得花錢，沒有批判、沒有對錯，秉性也！

寫於二〇一三、八、二九　晨

93 兩情本相悅

很難得的經驗，尤其四、五十年代出生的人，以我來說，從小學到大學（復興崗），我有幸就讀男女同校同班。那個年代的初、高中男女混合同班，總是男生多於女生，約五比一，到了大學也是這個比率，到了復興崗，我就讀的年班是十比一，可見陽盛陰衰在早期是司空見慣，習以為常。當年是否重男輕女的傳統觀念使然，男女教育受到不公平對待，沒有數據可考，這是當時的情形。經過三、四十年後的現在，卻處處出現女多於男的改變，從小學到大學，從社會就業職場到政府官員任用，從公司職員工，從社區大學學員，從公共場所的各種活動，都逐漸出現陰盛陽衰的現象。

為何有如此聯想，此次參加佛光山佛學夏營，不到八十位男老師卻有三百多位女老師，以往採各縣市、各教師分會混合編組，此次是依姓氏筆劃男女分開，第一次分組討論時，我提起男女一起學習的氛圍會比較好，深獲同組男性一致認同，看來兩性喜歡一起研習是天經地義的真理。好友或同好常聚餐，早在幾十年前就流行卡拉ok，有人提議飯後去唱歌，我一定會強調有女生才參加，何故？氣氛不一樣，唱歌是男女對唱或合唱比較調合，剛柔並濟，自然愉悅。

十年前幾位同事到台北道場，一起加入佛光山台北教師分會，每月有月例會，有讀書會、偶而有法會、法師說經開示，每年有年會，參加幾次後，發現女性多於男性，約十比一，自然就很少參加，可見社會的變遷、年代的不同，應驗了十年河東，十年河西，風水輪流轉的無常，昔日男性的強勢已漸式微，女性意識抬頭，有目共睹。以上所談，無心分別、比較，只是感慨女性能自我成長，終身學習的精神可貴，值得男性學習。古今中外，不分年齡，男女相互心生愛惜，異性相吸，是自然法則，相聚愉悅自不在話下。您以為然乎！

寫於二〇一三、八、三〇

94 書報債

所談書報債分好幾部份，書架上有一半以上的書，未全本看完，訂閱二十多年的讀者文摘、人間福報、葡萄園詩刊、贈閱的警聲、榮光週刊、中台山、了凡雙月刊、蒲公英希望月刊、慈音月刊、取閱的結緣佛書等，不勝枚舉的報刊雜誌，等待翻閱瀏覽，卻未能詳讀。另一部分是每天好友傳來的E-mail文圖，加上影片，每天要花多少時間在視覺享受上，又要參加許多活動，一天二十四小時，感到不敷使用。

通常借來的書報因有期限，容易看完，反而買回的書不會看完，都是執著於：「反正多的是時間，隨時可以取閱」。閱讀就在等待中蹉跎錯過，依賴與等待是我們生命中，無形浪費的殺手，多少富士山腳下及阿里山下居民，一輩子沒上山走走，從年輕到終老，就是心理上的等待而徒勞。家裡的書報同理自然累積甚多，這些就是我說的書債。加上電腦每天傳來近百封很好的信件要點閱，存檔也是依賴，等有空再看，但什麼時候有空?又是等以後的事。

人就是好逸惡勞，「站時想坐，坐時想躺，躺時想抱」。真是寫實，聽說國人每天花在電視機前四至六小時，看電視不花腦筋，看書報要費心神，當然欠了許多書債，這是我的毛病。但目前我花在電腦桌前每天平均六、七小時，以致無暇看電視，有感書報債越積越多，提筆自勉警惕！

寫於二〇一三、九、一

95 學歷、能力、人脈、思維

家中衛浴翻修，友人介紹一家承包商，是經幾家比價、估價後，可以接受的價碼，這家包商的持色都是自家人，老闆是父親，三個兒子分別是水泥工、水電工、木工。我很佩服這位父親的遠見，二、三十年前就訓練培養他們學有一技之長，承包工作一家包辦，肥水不落外人田，他們學歷僅國中畢業，但他們在現今，分工社會中，獨特有不失業的保障，擁有一份謀生能力，今天凡事求人，他們在專業領域上就是人才。

學歷重要，能力也重要，謀事做事，人脈更重要，當今社會中，重視學經歷的時代已漸改變，許多行業不需高學歷，只要有經驗，有些行業只要有技術，君不見會打球、會演戲、會唱歌、會烹調、會做麵包都成達人，在名利事業上闖出一片天，學歷知識無用論是讀書人的無奈，因為當今社會分工很細，通才已不能適用於許多行業，除非不需勞心的勞力工作。記得網路一則發人深省的故事。大意是：某大公廠因機器故障停止運作，多位工程師花了許多天都無法找出原因，有人建議找昔日退休的一位工程師回來檢修，只花了很短時間就找出毛病，零件成本很低，索費很高，是寶貴的經驗專業技術。可見學歷並不一定很重要，有能力才能受用。

今天社會中，人與人互動頻繁，人際關係尤為重要，不論是長輩晚輩、長官部屬、同儕同事、都要能和睦相處，這就是人脈。當然人的態度、觀念、看法、想法都屬於思維的範疇，可以決定轉念的關鍵，是正向或逆何向思考，這才是主宰一切事情成敗的源頭。所以說：「學歷是銅牌、能力是銀牌、人脈是金牌、思維是王牌」。仔細思量，不無道理。

寫於二〇一三、九、四

96 有感聚散終有時

標題看似很感傷，生死本是無常，聚散是生活的常態，不必悲觀而想到生離死別。何況人生到世上來一回，終需要走。人人因為害怕死亡會失去至親好友，加上死亡不知歸向何處？親情使人不捨，無明使人妄想，就越怕談到生死。

今只談生活中的聚散，您一生中會有許多機會接觸到不同工作、學習、玩樂的朋友，有云：「有緣千里來相會，無緣對面不相逢」。參加任何活動的相聚，如社大上課、舞班同學、短期研習、國內外旅遊等等，不在於時日的長短，總會新認識些朋友，但朋友亦隨聚會結束而離去，除非同學關係可以維繫較久，有朝一日，終須一別。舉例來說，我在東湖活動中心學舞一年，課程結束告一段落，同學就相見不易，如今尚有幾位有心加上熱誠的同學，三不五時約會相見，有歡唱歌舞的同好，每月見一次面而續緣。但大部分同學就從此緣散（很難再相見）。各階段學習的同學往往因畢業而分別，有緣相聚的只是少數的知己，可見緣起、緣續的不易。當珍惜有緣見面的朋友，使友情可以長長久久。

最感傷的是，認識的至親好友，長官或師長離開我們，雖是聚散總有時，但悲傷終必然，許多人高壽而終，當以喜事看待，還是悲痛不捨，人情事故使然。我很喜歡星雲大師的話：「陰晴圓缺，本來如是；悲歡離合，因緣如是；喜怒哀樂，眾生如是；愛恨情仇，有情如是」。是凡人離不開七情六欲及人生八苦。（註）應以淡定釋懷。

寫於二〇一三、九、五

註：

七情有三種說法（摘自網路）

一、儒家：喜、怒、哀、懼、愛、惡、欲。

二、佛教：喜、怒、憂、思、悲、恐、驚。

三、中醫：喜、怒、憂、思、悲、恐、驚。

六慾亦可寫為六欲：

一、眼……貪美色奇物。

二、耳……貪美音讚言。

三、鼻……貪香味。

四、舌……貪美食口快。

五、身……貪舒適享受。

六、意……貪聲色、名利、恩愛。

八苦指生苦、老苦、病苦、死苦、求不得苦、愛別離苦、怨憎會苦、五陰熾盛苦。

97 見證友人減重成效斐然

老唐是我們社區一位很有份量的友人，身高一七五公分體重一〇七公斤，高頭大馬來形容不為過，他看到我每天健走運動，加上很苗條的身體，尤為羨慕，我告訴他，這是得之遺傳體質加上持之以恆運動的成果。經常規勸要他少吃多動才能保健養生，強調過胖就是百病的源頭，他因超重，兩個膝蓋已承受開刀之苦，走路稍微緩慢蹣跚。

我的忠言，終究影響他下定決心減重，前後才兩個多月光景，已成功減重十五公斤，他告訴我到本月底目標降到八十五公斤，社區友人都明顯看到他瘦很多，好奇關心他如何在短短兩個多月有這麼好的減重成效。除了老生常談的：持之有恆的每天一、二小時健走運動，控制飲食不過量，最重要於的是每天早晚喝一杯稀釋的水果酵素，幫助體內每天能新陳代謝。特別請教如何製作酵素，他說一斤鳳梨加上一斤冰糖或黑糖，一層水果一層糖置於玻璃罐內，封口略通氣，以免發酵將瓶爆裂，經過兩個月後，水果酵素告成。

年紀大的人，新陳代謝的功能逐漸退化，不像年輕人能吃、能代謝，健康的殺手之一，就是每天代謝不良，宿便就是毒素，如何清理腸胃，成為養生法寶，這是許多人忽視的大問題。有人說晚餐四分之一是維持生命，四分之三是維持醫生的生計，說來很諷刺。歸結來說就是晚餐要吃少又不能吃太好。因為吃太多吃太好，百病根源。

寫於二〇一三、九、六

98 自然生態的生命力

芝山岩環山人行棧道，記得是民國九十年前後興建完成，據說台北市府花了一、二年時間耗資近一億元。八十七年剛搬到忠誠路時，正在修建規劃，印象很深刻，原來是芝山岩的地質屬於砂岩，為避免遊客長年踐踏下受損，又加上保護自然人文三級古蹟遺址，免於被破壞，所以才架設棧道，以對地層及自然生態的維護。

身受其益的是住在附近的居民，每天可以步行棧道，徜徉於樹蔭底下，享受森林浴般的舒暢，在台北近郊是很難得。就個人所見看到自然生態強韌的生命力，介紹如下一、二：

自然生態之一：步道北隘門沿著石頭公旁，可以看見一大片的菇婆芋，繁植茂盛，綠油油的大葉，四、五十年代常見菜販用來包紮東西，如魚、肉等等，如今因為生活條件好已不復見。沒人採用下，自然繁殖很快，看上去一大片綠油油是一種視覺之美，曾經在大飯店看到精美的超大陶瓷盆景，種了一株不值錢的菇婆芋，標價數萬元，看來應是陶瓷的附加價值加上時空的因緣條件使然。

可喜的是芝山岩整座山林，處處可見。

自然生態之二：名山里活動中心附近，兩大片竹子，約有十幾坪大，生長數丈高，約有百株的竹林，每經此腳步佇足良久，欣賞竹林的雄偉，思量其成長的歲月，無法估算多少年才能有如此壯觀。多少人會留意它的存在？因為無人砍伐，加上竹子生命力很強，自然繁殖自然生態其三：位於芝山岩北隘門至高點山上，許多大小葉榕聳立，百年老榕，樹根盤錯，氣根成柱，成為奇觀，幾株樟樹與榕樹相互寄生，合而為一，分不清是誰先寄生，看到的是相互依存共生。仔細看看有數十株，煞是奇觀。

原始森林中，常見千年古樹，平地中百年老樹已屬不易，只因人為的濫砍濫伐，破壞其成長。芝山岩列入國家三級古蹟後，整座山林受到嚴格的保護，有幸看到一些花草樹木的成長，見證自然生態強有力的生命。

寫於二〇一三、九、九

99 旅遊心情

日前參加武陵農場兩天一夜之旅，看到武陵因高海拔，一年四季都有不同特色的風貌，尤其櫻花季遊客絡繹不絕，多少人為賞櫻之美，不辭辛勞驅車或搭車上山，限人數、限車輛管制下，才解決人滿塞車之苦。就是平時也得三、四個月前預先訂房，可見登武陵農場渡假遊客的熱絡。

印象中二十多年前，小孩尚讀國小全家去了一趟武陵，十多年前參加旅遊兩日遊，約五、六年前與友人開車到太平山，路經武陵，前後也來此五、六次，每次的心情都都不一樣。國內外旅遊共同的感受不外是，因公順便旅遊（退休前），不能專心玩樂；二是慕名而遊，如國外及大陸許多好山好水，湊熱鬧多；三是為旅遊而旅遊，大多數是志同道合的一些好友相約出國（退休後），比較能開心，能盡興玩樂。不管是何者出遊，每到風景勝地，可以步行參觀必比別人多走，住在飯店必早起，把握晨間一個多小時的運動健走，可以增加對陌生環境的認識，無形中多了同遊的友人，逛遊新城市，一舉兩得。來到新地方，心總想到：此生可能就只有此次來此一遊，我格外珍惜。

提到旅遊，要具備多少條件？體力要好、要能吃又要能睡（養精蓄銳）、搭乘飛機或船泊不會暈機、暈船、暈車，長期高檔旅遊一趟要花費數十萬元不等，如豪華郵輪，經濟能力是否捨得？其實年輕人、中年人、老年人各有不同玩樂地方，與什麼人同遊？會直接間接影響心情是必然的。此次武陵之旅，有足夠的時間讓大家自由自在，欣賞山脈群山遠近之美、溪水流動悅耳之美，沒有一日遊來回趕行程之苦，大家悠然自得，一上午搭乘二十人坐中巴，直奔雪山登山口標高 2140 公尺，遠眺群山，美不勝收，真是開心。

寫於二〇一三、九、一五

100 相見時難別亦難

此文不談唐——李商隱的詩：（重聚之難而感嘆離別之苦）。話說週前，南部高雄地區舉辦同學會，為慶祝四十九年前的九月十四日（即民國五十三年）我們在復興崗入伍。熱心的承辦人，一個多月前來函盛邀，我們透過電話及blog邀集四十一位同學共襄盛舉，租乘一部遊覽巴士，從台北到高雄，一天來回，不是為了吃餐飯，而是為了見見許久未見的老同學，奔波不以為苦，一路在車上談笑風生，歡暢高歌，快樂又消遙。

我們十四期五十七年班畢業三百餘人（含法律系），平時婚喪喜宴常碰面在臺北約有四十％的同學，因地緣因素，中、南部及花東同學不易見面，趁此難得機會大家可以歡聚，南北會合總計有八十多位，（有六位女同學、十幾位同學夫人）參加，以系別、教授班留影紀念，有五、六位同學畢業至今第一次見面，在臺灣小小的地方竟然將近四十五年沒見，不可思議吧。這也是促我寫此文的動機。

有人說：在您今生今世能相遇的人，如父母、兄弟、姐妹、夫婦、長官、部屬、同學、同事等，都是有緣才來認識，緣深或緣淺，都要惜緣，佛教上有稱「冤親債主」，有緣無緣，能相識就是善緣，要如何對待，端看個人修行，恩人也好、仇人也好，能化敵為友，阻力減少，相對助力增加，善待所有朋友，樹敵就減少。有感一生中，從小及長，在不同年齡、不同工作環境，認識形色不同的人，相見時難，別後見面不易，除非有深厚的交往，人們的聚散總無常。偶然邂逅的人，可能今生只有一面之緣，而就此緣散，想想一路走來，您能熟識多少朋友，眼前的這份交情豈能輕言失去。

自認很重情的我，惜緣常掛嘴邊，珍惜有幸一起學習的友人，有形的學校教育同儕、社大同學、學舞、歌唱、打球、打牌、登山、旅遊的伙伴，但願都能成為永遠的朋友。

寫於二〇一三、九、一九 秋

101 再見奇摩部落格

Yahoo!奇摩部落格將於二〇一三年十二月二十六日終止服務。成立近三年的兩個部落格，我將要對它說再見，內心是有所不捨。所幸中華電信願意提供後續承接的任務，目前 Yahoo 關站前，方便使用者，保存所有資料備份搬家、下載的服務。最近要著手進行的是，將三年的文圖存檔、轉移，確實要大費周章。加上去年年底負責同學專屬的57復興崗，總計有三個 blog 要作業，忙碌是必然的。

使用將近三年的 blog，個人體會到諸多方便與好處：

其一：可以傳 po 喜愛的文圖，如加以分類方便點閱；

其二：將平時旅遊、生活照片存在 blog 分享好友，也不必為看照片而洗照片；

其三：隨筆文章不必受到審稿，即可自行 po 上，好友亦可回應表達看法，彼此互動交換心得。

透過blog資訊相互觀摩，是最快最好的終身學習，年輕人利用網際網路，無遠弗居，傳遞信息，這是近十年來視訊進步的一大突破。目前幾乎人手一隻的智慧型手機，隨身點閱，亦可取代桌上型電腦。資訊突飛猛進，一日何止千里？

生活在現代的人，如果拒絕學用新產品，如使用電腦、智慧型手機，將跟不上時尚，生活必會帶來不便與困擾。如能隨遇而安，快樂也就好，問題是舊產品不生產，非使用新產品，逼得您要學習使用。好有一比：您到市場都買不到自己喜歡舊款式的衣服，只好將就趕流行。跟著潮流走，是必然趨勢。正所謂時代在變，環境在變、潮流在變，您也要改變。

寫於二〇一三、九、二二

102 感傷！

負責57復興崗同學blog資訊文圖的po陳，所有有關同學的旅遊趣譚，吃喝玩樂、婚喪喜事（指子女婚嫁，父母或同學病痛住院、終老、往生等），透過服務團隊幹部的轉達，總是最先經由blog分享周知，帶給大家有喜有悲的訊息。

聞喜則樂，聞悲則哀，跳脫不了人之所以「凡人」也。很難以平常心看待，做到「外離相為禪，內不亂為定」。同學畢業三百多人，至今大多將邁入七十之齡，往生者也有四十餘人，生死雖是人生的必然，但對熟識的親朋好友，感傷難過是常情。同學畢業後，有親疏之別，究竟有緣者才能常相聚，緣深常聚，緣淺隨它去，大家都從職場退下來，不計較、不比較，活得快樂、活得健康最重要。能相見就多見見，對於別人的嗜好，如吸煙、喝酒、打牌等習慣，不加以批評論述，別人從中得到的快樂、滿足、幸福，又豈是您能體會。

能有此修養與雅量，您才會過得平安喜樂，因為您已不再著相。一句話共勉：「因為看輕，所以快樂；因為看淡所以幸福。」凡事都能看輕看淡，煩惱自能遠離。

寫於二〇一三、九、二五

103 我的網友

所談網友，狹義的指 E-mail、Facebook、blog、Line 等四個部份資訊往來的朋友。電腦中通訊錄名單，大部分是學長、同學、朋友，這些就是基本的網友。每天傳送資訊是友情的互動，雖不常見面，但轉寄收件者名單中，總是過目芳名，網路上天天接觸，如見其面，倍感熟識親切，是謂網友，當然有百分之九十是志同道合的朋友。

透過 Email、fb、blog 可以傳情、學習、發現許久失聯的老友、您可以在 blog 發表回應，可以在網路做學術研究、學生繳交作業，老師規定要用資訊電腦。網際網路成為現代人生活上、學習中、經貿上不可一日或缺的傳達工具，一旦您使用它，就無時無刻需要它、依賴它，尤其智慧型手機問世，風迷到如影隨行，人到那裡，資訊就到那裡，這豈不是網路無遠弗屆的力量。

網友雖是您熟識的朋友，但您會受到許多資訊是，來自於不自覺的網路消息，參加了他們發起的示威遊行活動，而身陷第五權的被利用。（註）資訊化普及生活，蒙其利也必受其害，許多資訊是否正確常被質疑，應驗古人所云：「盡信書不如無書」的警語。看來信與不信、對或錯，還是要靠智慧去分辨。

寫於二〇一三、九、二六 晨

註：

1. 第五權一般可指經濟體系或網際網路。

2. 指由網際網路或網民所組成、對社會甚至政府的網路監察，其代表了不被較狹窄、單向領域付第四權傳播媒體所包含的一種新社會大眾媒體。（摘自維基百科、自由的百科全書）

104 勤勞節儉之改變

「勤儉、刻苦、耐勞」、是自古以來，中國儒家思想所教育我們的勉語。表現在東、西方生活上、文化上最大不同，幾乎離不開這些。探討其因，早期東方生活普遍貧窮落後，西方物質文明比較進步，這是近幾百年來的史實；國家窮只能開源節流，中國傳統儒家思想的桎梏（枷鎖），「節儉是美德」已深根蒂固烙印在每人腦海中，牢不可破。因為從小父母家庭教育、學校教育都不斷地灌輸此觀念。要人人養成能吃苦耐勞的習慣。

想不到近幾十年來，勤儉刻苦耐勞，對時下年輕人，是遙不可及，甚至從他們身上已經看不到。六十年代以前的人，從小經歷過生活艱困、物質缺乏的日子，至今仍懂得知福惜福，而今天隨著生活富裕，年輕人從小驕生慣養，沒有機會吃苦，更不可能養成刻苦、耐勞、節儉美德。因為從小衣食無缺，所求都能滿足。

今天生活條件普遍富裕，提供子女優渥的物質需求，卻養成子女奢侈浪費的習性，失去了知足感恩的節約美德。不能歸咎於教育失敗，整個社會大環境如此。從衣著的西服來說，幾千元至數萬元，皮鞋、休閒鞋，數千元到數萬元不等，年輕人是捨得穿最好、最貴的。在餐廳裡，吃大餐大半都是年輕人，不盡要相信他們是月光族加上啃老族。反而為人父母者，捨不得買名牌，捨不得吃大餐，鮮明的對比下，要年輕人談「節儉」似乎是天方月譚。

感嘆而已，形勢比人強，我們父母年代的人更苦，經歷過抗戰逃難的人，比我們苦上千百倍，先苦後甘來形容我們這一代（四十—六十年代），先甘後苦是我們的下一代，只是推測，因為他們吃不了苦，將來會更苦。

二〇一三、九、二九

105 角色的轉換

蘭學長經常點閱拙作隨筆，承蒙他許多指正與鼓勵，銘感內心。日前聊談中，他提供此文感想，要小弟為文，將人從出生及長的角色轉換，寫出個人看法，我恭敬從命，應允提筆。

人從呱呱落地，就可能擁有人子、人孫兩種角色，上幼稚園至大學、研究生、博士生，都扮演學生身份，對應關係是師生。人的一生從人孫、人子、為人父母、學生、師長、人夫、人妻、人婿、人媳、為人長官、同事、部屬，到退休後為人爺爺、奶奶等等角色轉換。人生扮演著這麼多的角色，這是隨著年歲的增長，必經歷的旅程。以下僅以個人淺見，分三個階段來談人生心路歷程的轉折。

一、求學時期：以父母為榮，大家一定印象深刻，每次填寫入學資料欄中、或自傳裡，通常必填直系親屬，父母職業、兄弟姐妹等資訊，雖說職業無貴賤，但在孩提幼小的心裡中，已經產生了分別，父母親如位高權重，師長、同學當另眼相待，如屬於中、下層勞力者，孩子比較有自卑感，因此說求學時代，往往以父母位高權重為榮。君不見有些人開口閉口會説，我父母親如何如何，足見子女以父母為貴。

二、工作階般：踏入社會，進入職場上班後，父母親友會關心您工作的職務、待遇等，無形之中與同事、同學有了比較，這是上班族的工作壓力，有人先成家再立業，有人先立業再成家，成家即成為人妻、人夫兩種角色，又有得比，比另一半的人品、學識、美貌；立業是從政、從商、從軍等士農工商都可以闖出一片天，影劇、歌唱、藝術、運動，只要您有成就，您週遭的人必引您為榮，而自已有了成就，在職場生涯中，必志得意滿，在各項領域，獨佔鰲頭，以已為榮。

三、退休之後：權力、地位、名利、漸行漸遠，但能享受無官一身輕的消遙自在，懂得享受退休生活的人，樂活當下，或享終身學習之樂、或到國內、外旅遊遊山玩水、或養花種菜、運動爬山、歌舞歡唱或含飴弄孫，總能自得其樂，這才是退休生活最好的安排。兒孫有成，可能會炫耀他們的成就，反過來以他們為榮，不是常聽到，我子女如何又如何，回頭是以子女為榮。

總結以上談到角色的轉換，其實是人生的無常，因為物換星移，長江後浪推前浪。信筆寫來，感謝蘭學長給我的靈感，不周延之處，敬請大家指正。

二〇一三、一〇、三

106 健康早餐會

今晨雖然中颱「菲特」來襲，風雨交加，我仍搭車前往天成飯店，參加每個月一次的健康早餐會。之所以不輕易缺席，就如已故何志浩將軍所說：「一個月一次的聚會，同時可以見到一群老朋友。」一年可以見十二次，每缺席一次、二次就是兩個月或參個月才能見面，之故很珍惜。尤其逢春節見面，就可省去彼此互訪拜年的勞車往返之苦。民國七十五年我有機緣參加此會，自認很有恆心加上毅力，如今已長達二十七年之久，算來是老老會員，此會成立至今已邁入第三十三年。

不記得何時，余會長將本會會名加上長壽兩個字，目前全名是「健康長壽早餐會」。顧名思義大家都健康長壽，果不其然，與會者平均年齡八十歲以上，是名符其實的健康長壽者。

幾年前我向會長建議，雖然大家已習慣每個月第一個禮拜天為聚會日子，但年紀大的人容易忘記，如有一封書信通知，並介紹演講者及主題、加上內容有誘因之下，更能提高出席率，如今每月平均四十—五十餘人，見面的親切熱絡，人人臉上掛滿喜樂。

今天早餐會請來兩位演講者：

其一：臺大化學系畢業鍾順吉博士，他介紹研發成功的大型儲能《氫氧能》裝置，強調台灣得天獨厚的永續能源是「氫氧能」，是二十一世紀最佳能源，他大膽預測未來颱風都能蓄儲其能量。他認為「核能發電令人不安、火力發電環保有傷、綠能發電量能不足。」結論是大自然的能量都必須靠氫能才能運回陸地，要打造台灣成為另一個科威特福利國家，就要儲能「氫氧能。」很新的發明，目前已受到政府、中科院、台電有關部門的重視。

其二：榮總腸胃科主治醫師陳清霖大夫講述：老年人每五年要做胃鏡及大腸鏡檢查，可以預防大腸癌的發生，早期發現可以及早治療。他強調人體每天要五通：氣、血、二便加上汗腺要暢通，癌細胞最喜歡甜食、高蛋白，最怕氧、強鹼兩樣東西，常做深呼吸可以儲氧，常吃蔬果可以增強鹼性體質，這些健康觀念，人人要懂並身體力行。

我喜歡天成飯店3F的自助式早餐，中西式多元化，任您選取，一個月享受一次豐盛早餐，也是參加早餐會誘因之一吧！

寫於二〇一三、十、六

107 參加中華民族團結與復興研討會

參加中國全民民主統一會，擔任祕書長之職，有幸參加此次二〇一三年十月七日—九日在澳門舉行的「中華民族團結與復興研討會」，本會五位代表應邀。在這之前，分別於二〇〇六年十二月十三日—十六日參加全球華人促進中國和平統一大會於澳門（四天）由會長王化榛率領二十人與會，來自全球華人代表千餘人、二〇一〇年九月二十日—二十三日在香港再度與會，有六十人參加，海內外代表計八百人。（本人三次都參與其會）

二〇一三年十月五日在臺北，由中華民族團結協會主辦的中華民族團結與復興、兩岸關係的和平發展與前瞻學術研討會，由夏瀛洲理事長主持，全統會受邀五人代表盛會，受邀學者專家三十多人。這兩年來，兩岸四地為和平統一大業，澳門地區舉辦一國兩制理論與實踐研討會、兩岸關係和平發展的鞏固與深化。透過學術研討、文化、經貿等交流，積極努力，不遺餘力，目的是早日能實現兩岸和平統一願景。此次由澳門地區中國和平流統一促進會會長劉藝良先主主辦團結與復興研討會，透過許多學者專家，從學術面、基本面、實務面來探討一中框架，增強兩岸政治互信、增進共同認同，鞏固互信基礎，深化兩岸關係和平發展，我全統會五人代表提交大會六篇論文，在分組研討會發言，深獲佳評。總結是兩岸目前維持現狀是大多數人民最大期望及選項。

誠如孫亞夫先生在研討今中的致詞：當前兩岸交往中珍惜和發揚中華民族感情，可以用一句話，就是倡導、培育和光大兩岸一家親的理念，真正認為兩岸同胞是一家人，就不會把對方當外人，就能進一步消除許多誤解和疑慮，就能進一步彼此理解關愛、相互信賴支持，就能進一步交流合作、互利雙贏，譜寫全中華民族發展的契機。

108 見聞思之我見

親眼所見不一定是真的，遑說是道聽塗說，偏偏許多人都會犯以上兩者的錯。殊不知所見事情或片斷或主觀都不客觀，別人告知的加上旁人的主觀，以訛傳訛，那更不正確，所以，所見、所聞、所思都不一定是絕對。要經過內化的思考，來辨證是非曲直。

日常生活中常發生的誤會，常因所見非實，出口無心，殊不知已造成對人對己的傷害，古人所云：「禍從口出。」之故，星雲大師大力推行三好運動，要做好事、說好話、存好心。說來簡單，行之不易，用「知易行難」來形容，實不為過。老子說：「五色令人目盲，五音令人耳聾。」更何況所見所聞，因時空環境的變異產生價值觀的混淆，要正視聽，非朝夕可改，正如政黨藍綠的對立，沒有是非、對錯，為反對而反對，甚至黑白不分，公理正義蕩然無存。最為可悲是最壞的教育，昧著良心說話，沒有慚愧羞恥心。孟子・公孫丑孟子曰：「無惻隱之心，非人也；無羞惡之心，非人也；無辭讓之心，非人也；無是非之心，非人也。」分別為仁、義、禮、智的源頭。孟子將此四端做為人之所以為人的標準，亦即人與禽獸之別，因為人有理性、良知，是也。

今日傳播媒體全球資訊化，網際網路透過電腦、手機，立即傳訊收視，人人可以隨時點閱，所見、所聞多元化，許多認知需求，會讓您無所適從，如何選擇取捨，眾說紛紜，見仁見智，全要靠智慧來判斷。非人云亦云，究竟如何才能引領自己走向正見、正思惟、正語、正業、正命、正精進、正念、正定等八正道，通往無住真心，求得證悟。這就是真正的出世，很難的境界。

寫於二〇一三、一〇、一三

109 心無罣礙

有感，「心無罣礙。」修行人易，凡人難。

般若波羅蜜多心經一句話：心無罣礙，無罣礙故，無有恐怖……譯成白話：人如果能依般若而修，到了功行得力時，則心境一如，解脫自在——內不執著身心，則不為身心所罣礙；外不執著萬法，則不為萬法所罣礙。那末，這些老病死，和無常轉變的一切恐怖，自然成為烏有（執著是惑，罣礙是業，恐怖是苦）。由於沒有執著，則無罣礙，既無罣礙，也就沒有恐怖，故曰心無罣礙，無罣礙故無有恐怖。

以上引用心經這兩句來說明，凡人因有執著，有執著，必有罣礙，這是人之為人的煩腦，事情看淡了，是是非非也就無所謂，放下了，成敗得失也就不重要了。但凡事看淡、放下，談何容易。舉個例：月前南部舉辦同學會，臺北邀集四十一位同學，租遊覽車一天來回，當天勝隆同學盛邀，今年十一月十日，大家再度南下，參加芭蕉關係企業南橫連絡處創設十週年慶的坐上賓，當時徵詢全車同學，大多數有意願，期待的旅遊即將來臨，我請了遊覽公司，規劃兩天一夜遊，原車人優先，卻有十餘位未能參與。

生活中常見許多煩惱，心理上，有來自於害怕、擔心、放不下、捨不得，想不開，如父母、孫子、寵物須陪伴、照顧；生理上如怕乘飛機、船、車（暈車）等，或出遊，認床睡不好，加上健康體力，走不動、登不高、怕冷，這些都是人的罣礙與無奈。因此要人人心無罣礙很不容易。

人有七情六欲，所以星雲大師說：「陰晴圓缺——本來如是；悲歡離合——因緣如是；喜怒哀樂——眾生如是；愛恨情仇——有情如是。」我很欣賞這四句話。可見「心無罣礙。」很難！

寫於二〇一三、一〇、一七

110 聚會

退休後，在婚、喪、喜宴上，大家見面機會越來越多，成為另類的聚會，因為父母離世、兒女成婚，這些經常的人情世故，交際應酬，不能免俗，喜事喪事都會參加，大家常掛在嘴上的話：「見一次面就多一次」的詼諧語。說真的，喜樂有，哀傷有，這就人生的無常。

習慣上參加喜宴，身為軍人的我們，都準時入席，一則可以選擇適合的坐位，並找到談得來的人坐一起，二則可以見見老朋友、老同學，聊聊別後近況，將近有一小時以後才開始的喜宴，正是大夥開懷暢談的好時段，談旅遊、談健康、談孫子、談養生保健、談運動、談美食，無所不談，彷如小型同學會，是軍校四年深厚感情的延續。羨慕不少友人，殊不知這是一般文學校同學所不能比。

退休後，不能封閉自我，反而要走出去，參加各種活動，認識一些不同職業、不同年齡的伙伴，或到社區大學學電腦、書畫、攝影、學舞等等，不僅可以豐富生活，提昇身心靈的層面，更可美化人生。尤其認識新朋友，這是職場外沒有利害關係的友誼。我個人在社大學習中，體會到這份友誼的可貴，認識許多朋友。

友人傳來一封 E-mail：「等到有一天，你或許沒有機會。」勉勵大家要勤加閱讀，追求知識……欣賞自然美景，無需汲汲營營於生活需要，多花時間與家人及好友在一起，生命不只是為了存活，而是一連串愉快事件組成的鏈條，每一天，每一時刻，都是特別的，而且你不知道那是否你的最後一刻。把握能與親朋好友見面歡聚的歲月，因為你或許已無緣。

寫於二〇一三、一〇、二〇

111 貴州風情見聞之一

各位釘子、鉗子早上好，這是貴州布依族的導遊，向大家問好道早的請安語，「釘子」指女子、「鉗子」指男子。他介紹貴州人自嘲「三無」，天無三日晴，地無三里平，人無三兩銀，他介紹我們，來到貴州地方有三樣東西要看：

其一、觀瀑布：素有千瀑之美譽，貴州黃果樹瀑布群，由大小十七個瀑布加上本身合計十八個。

其二、繞苗寨：偏遠落後，苗族大多數居住於山寨中，值得參觀。

其三、品茅台：全年全國約產3.6萬噸，二分之一要上繳國庫、四分之一供應軍隊、二十%分配各省份、約兩千五百瓶配發大縣城專賣店。在市面上百分之九十五是不純的茅臺酒。茅臺酒之所以在茅臺鎮釀造好喝，除有祕方加上當地高粱、水質好，最大因素是空氣中存有特殊因子，只有茅臺鎮才能釀造。聽說巴拿馬運河開幕，各國送來的酒，有法國白蘭地、德國威士忌、蘇聯伏特加、大陸茅臺奪冠。鄧小平將導遊又介紹貴州有八怪及三寶：

一、不辣不成菜。二、石塊當瓦蓋。三、三隻老鼠一麻袋。四、苗女背著娃娃談戀愛。五、樹皮捆著當藥賣。六、草根炒成菜。七、斗笠當鍋蓋。八、絲娃娃滿街賣。

三寶：天麻、杜仲、靈芝（切成片片賣）

來到貴陽，看到青山綠水，難見陽光白雲，昂貴的是太陽，貴陽是否因此而名？

寫於二〇一三、一一、三

茅台列入國宴酒。

112　貴州風情見聞之二

遊貴林會觀賞以下景點：如雙乳峰景區、馬嶺河峽谷、黃果樹瀑布景區、夜郎洞等名勝。有地陪導覽在各景區介紹，我們雖然走馬看花，留下印象較為深刻。以下簡介見聞：

一、雙乳峰景區：兩座兀立的石峰，形同女性豐滿的雙乳，被譽為「聖母峰」。順口溜：男人看嗜好，女人看驕傲；男人看了蠢蠢欲動；女人看了自愧不如。男人的嗜好，女人的驕傲，小孩的飲料。導遊說：北京的導遊說破嘴，濟南的導遊有泉水，到北京看城頭，到西安看墳頭，到江南看丫頭，貴州的導遊跑斷腿。

二、黃果樹瀑布風景區：貴州屬雲貴高原上一個多山、多山、多溶洞、多民族且丘陵縱橫，以及夏無酷暑、冬無嚴寒的宜人氣候的省份。黃果樹瀑布風景區，景區以黃果樹瀑布為中心，黃果樹瀑布是一非常巨大的瀑布群體、共有地面有十八個瀑布，地表下有十四個瀑布。導遊介紹兩條路線，走到瀑布背後，隱藏著一條百公尺的水廉洞，我們看到許多奇特的鐘乳石，由上往下看，瀑布飛瀉壯觀。一天走下來有一萬六千多步，相當走上四、五小時的行程。

三、夜郎洞：這是集水洞和旱洞於一體的獨特景點，此溶洞群景區，目前有四百五十米水洞、八百米旱洞。我們乘坐八人小鐵殼船進洞，洞內可觀賞神奇壯觀的大小溶洞組成的溶洞群以及天坑、燕峰斜崖等獨特的喀斯特地貌。由於沒有受到外界的污染，這裡的鐘乳石大多雪白，結晶更美是剔透，形態各異。旱溶洞內有三層景觀，步行遊覽的兩層旱洞，傳說中夜郎古國夜郎王的行宮。這一趟水陸行程對腳力是考驗，下階梯還要防止頭部撞岩。

值得一提是我們下車徒步欣賞花江大峽谷，從北盤江大橋往下看，山谷高三百多米，溪流綿長，美不勝收，聽說此橋造價人民幣數億元，橋上未標示年月日無從考據。確實壯觀。貴州八日遊，景點甚多，只略述以上提供日後回憶。

寫於二〇一三、一一、六

113 貴州風情見聞之三

旅遊可以享受吃喝玩樂，但說來也要有福消受，能吃還要能玩，都是不能勉強的，所謂吃、喝、拉、撒、睡，雖是一般人生活中都會做的事情，可是一但出國旅遊，就因認床睡不好、飲食不習慣、舟車勞累、天候不適應，力不從心，影響旅遊的心情有之。大家都知道，旅遊是要靠體力，吃喝玩樂是要有本事。如遠程搭乘飛機要數十小時，考驗在機上是否能養精蓄銳，下了飛機長途拉車，都是耐力的比賽，因此，旅遊不是人人都喜愛的活動。

身為軍人，最能適應環境，走到那吃喝玩樂難不倒，此次貴州八日遊，十七位團員，有一半是軍人，能吃、能喝、能玩、能動、能睡不在話下，每天徒步登高約有一萬多步，午、晚餐必喝啤酒、人人吃大蒜，雖不適貴州的麻辣，但飲食無礙。很遺憾沒喝到貴州茅臺酒。

早睡早起使我能多逛遊，飯店附近，成為晨間最好運動去處，看到一早洗出租車的工人，一次十元（人民幣），私家車二十元，公園打掃每月為一千元，一般勞動工人，每月收入二千多元，在貴州內陸生活，平均每月五千元就夠用。

在貴陽看到許多高樓大廈，不比臺北遜色，百貨公司凡進口衣物，比臺灣貴上三分之一。在飯店看到兩場婚禮，宴請前一對新人站在飯店前迎客，有人遞煙送瓜糖，走進飯店坐滿酒席上，有人玩樸克牌、抽煙、吃糖、嗑瓜子，垃圾滿地丟，大聲喧嘩，可見生活水平不及格。飯店大廳處處有人吸煙，走在街上人人一根煙，這是我們不能接受的。夜市人潮甚多，小吃大都炭烤，髒亂是必然，看了不敢光顧。以上所見，看到他們生活品質，還要幾十年才能趕上我們，這是值得安慰的。

寫於二〇一三、一一、七

114 失敗後成功的故事

週前從桃園機場預先訂好九人座車返台北，司機先生穿著隨便，問起來才知道他是擁有十二部中、小型出租車老闆，在車上他告訴我這二十年生意失敗，妻離子散的辛酸史，今天的他已經從新站起來，但可悲的是三十七歲的兒子始終不來見他。

當年做蛋捲，被告近似仿冒「喜年來」，判刑七個月，適逢經國先生連任特赦，減刑一半，服獄三個多月。出獄後，來到「香吉士」果汁公司工作五、六年，因事故被支票所累，背負倒債罪名，在桃園名下房子七、八間全被拍賣，妻子帶兒離他而去，他全部財產一夕歸零，在走投無路中，每天翻閱報紙求職廣告，發現透過網際網路可以經營出租車，以桃園國際機場為商機，從無到有，接送五年有成，透過網路經營的生意無遠弗居，在十年後的今天，名下已有中、小巴士十二部，自已聘請駕駛，各自負責車輛，由他指揮調度，扣除買車貸款、車輛保養維修，駕駛月薪，月收入淨賺五、六十萬，聽他道來辛苦有了代價。

同學雲生同車，我們一起聽他細說成毀的過去，他感激服役兩年，擔任營部連搜索排班兵，訓練能吃苦耐勞的過去，更感激失業後天天翻閱報子，得知網際網路熱線服務，帶來不可思議的好商機，我好奇問他懂電腦嗎？他說花錢請專業人士負責經營網站即可，自已只會查閱搜尋，他自信地說，再過幾年後，將買回昔日被法拍的所有房子，看來他是有抱負、有自信、有智慧的人，我告訴他會寫一篇他的故事，當然不提姓氏大名，他笑中默許，這是真實的感人的故事，訴說分享。

寫於二〇一三、一一、八

115 說笑的藝術

我喜歡說笑話，是同學中眾所皆知的。「基於讓別人快樂是修行，給自己快樂是智慧。」能娛人又可自娛，對別人對自己都是喜樂的加分。昔日在母校服務，經常有機會，陪學生聆聽長官講話，我一向有做筆記的好習慣。前後十幾年，聽來不少故事，加上有心從報章雜誌摘錄，每逢聽到好的笑話，就即刻筆記，整理後累積不少題材，閒來翻閱，增加記憶，溫故知新。

其實說笑是不易的，要考慮時間、地點（場合）、人（學生、屬下、同事、同學、或男、女、老、少），不同程度、對象等等因素，都要小心謹慎。否則就有失禮。當然男士喜歡說、聽葷笑話比較公開大膽，女士例外，只是比較矜恃害臊、不好意思，這是普遍現象。每逢好友聚會的場合，如聚餐、打球、打牌大家競相說笑，輪番上場，我會留意聆聽，值得筆記當場寫上，否則轉眼即刻忘記。說笑者不能先笑，快慢要適中，如能夾雜國臺語詮釋，再加上幽默、風趣、更傳神，說笑要簡單扼要，越短越好，最好在一分鐘內可以說完，讓聽者能捧腹大笑，會心一笑。以下分享簡短四則笑話：

其一：父子對話

兒子問父親，什麼是聰明，父親是禿頭，指著自己說，要像爸爸一樣「聰明絕頂」；「絕頂聰明」，兒子又問：那和尚、尼姑呢？自作聰明，父親回得妙。

其二：師生對話

請問遺傳與環境的不同？一學生舉手回說：生下的孩子臉孔像爸爸就是遺傳，如像隔壁的叔叔就是環境。妙答。

其三：夫妻對話

三更半夜，巡邏員警發現一小男孩，蹲坐家門口，詢問怎不睡覺？答說：父母親正為他是誰所生，太吵而睡不著。

其四：夫妻離婚

就可增強笑料「笑」果。

為著爭兒子而吵，媽媽堅持小孩是從他肚子生出來，應該是他的，父親反駁，請問到提款機提款，出現的錢，是屬於持卡人所有，難到是提款機的？一語說到重點。以上略談說笑的藝術，確實很難拿捏，您以為呢？

寫於二〇一三、一一、一三

116 載歌載舞自娛娛人

日前我們一些年近七十的同學，相約赴南部二日遊，我邀請舞蹈班女同學共襄盛舉，大家因志趣相投，玩得很開心。歌舞不分家，一般說來能歌亦能舞，但兩者都必需學習，先決條件要有興趣。

在南北長途的旅途中，大部分時間是卡拉ok歡唱，車上人人大展歌喉，忘了疲勞，國、台語、廣東歌、英語老歌，讓人聽了如癡如醉，一個比一個精采，幾乎忘了疲勞，同學們展現多才多藝的才華。畢業近五十年，少有的聚會（兩天）共處，尤其住宿六龜芳晨溫泉度假村，飯店提供免費歌唱舞場，同學個個表現精湛的歌舞身段，晚飯前一個多小時，飯後二個多小時，揮汗如雨，可見跳舞的活動量。其好處正如舞蹈老師常強調：「是最好的身心活動。」要動腦記舞步、要聽音樂節拍、享受互動的肢體語言，身心靈得到美好的境界。藉著歌舞，陶醉美妙音樂中。有什活動如此動靜皆完美？（唱歌是靜，跳舞是動）

同學不乏說笑話高手，大家輪翻上陣，帶給每人笑聲不斷，有葷有素，老少咸宜，皆大歡喜，我亦被拱上臺，講完很短的四則笑話，蒙受佳評，有人要我開課開講，才有隨筆 115 的感言，兩天下來的歡笑聲，讓大家都增了壽。因為人人開懷大笑！

寫於二〇一三、一一、一五

117 我對得失的認知

友人傳來一篇：公平的新Loge讀完，有感昔日常自勉的一句話，「吃虧就是佔便宜。」因為人生就是活在得與失之間。如何在得失中，取得心態上的平衡？這是做人處事、待人接物的一門學問。

其實生活中，表象中看到有形的名利，當您得到之後的喜悅，背後已尾隨失去的危機，得到的只是有形的物質，而失去的卻是無形的精神，您可能不自覺，因為老天是很公平，得失對待每一個人，往往是相對的。日常生活中可舉些例證說明之：

一、據統計國內外凡中大樂透獎金者，大多數人，不超過五—七年，失去所有金錢、有者甚至陪了生命，比例居高。這是因得到金錢，隨後帶來不幸的事實，中國人說「樂極生悲。」太多金錢非好事，因運用不善，把持不住，揮霍的生活往往會帶來災難。

二、得到名利之後，有了身份地位，參加許多交際應酬，大吃大喝，對身體傷害是日積月累，多少地方民代、縣市議員、立法委員，因喝酒過量，致死的案例，時有所聞。為選舉宴客，為名利奔波，當選上了，也賠上了生命，得不償失。我常奉勸上了年紀的人，少去吃到飽的餐廳，人因貪戀美食，不想吃虧的心態，會讓您吃過量，增加五臟六腑的負擔，已損害了健康。

三、吃虧佔便宜的哲理，從字意看是矛盾的，從實質來說，是肯定的。凡事從吃虧的角度去思考，收益是必然；諸如多付勞動，多付金錢，多布施行善，表面上是付出，實質上是贏得健康，獲得好的人緣、無形中已佔了便宜。許多事情是相對。結論是：「吃虧的認知，可以不是吃虧。」

四、喜佔別人便宜的人，實質上已經吃了虧。換句話說，花錢小裡小氣、事事斤斤計較的人，在人際氛圍中，已吃了虧，人緣不好，心情好不了，人際關係成為人健康重要的要件，不無道理。如何做到人人都喜歡您，凡事能帶頭吃虧，此不二法門。

以上略述生活所見，僅從吃虧角度探討，雖非真理，但可以印證生活中的相對性。我要引用男女交往後，常自我安慰說：「得之我幸，不得我命。」改成凡事「得之我命；失之我幸。」得失不必計較，該您的跑不了，得失不必在意。事事當能「不變隨緣，隨緣不變。」就能安然。有感文中新的思維模式，特摘錄（標楷體部分）分享，就教好友，值得省思。

二〇一三、一一、二一

118 公平的新邏輯——好哲理

老張跟小李這兩位好朋友一起逛夜市，看到有人賣西瓜，由於整顆買比較便宜，老李就說：「那我們合買一個吧」；於是各自掏了一半的錢付給老闆。

宏觀的角度，常會有不同的邏輯

逛街後，兩人先回到老張家泡茶打屁，眼看時候不早了，小李就準備回去，老李切了西瓜拿了一半給小李，「你是老花嗎？怎麼切給我的，比較大塊？」小李消遣說。老張說：「因為我知道你家人口比我多，而我家才兩個人。」但小李說：「哪有這樣的，不是說好一人買一半嗎？你這樣不公平啦！」老張說：「最需要的人，讓給他就是公平」。

有朋友聽到這個故事，就問老張：「公平均分不是很好嗎？你為何不追求公平原則？」老張笑著說：「我覺得很公平啊！」這話讓朋友聽的一頭霧水。老張接著說：「到目前為止，我的經濟情況比小李好，我覺得老天對我不錯，我把我多餘的分一些給更需要的人，這很公平啊！」

吃虧的認知，可以不是吃虧

我相信大部分的人都會把西瓜切的很平均，這也是正常的人性；能夠像老李這樣想的畢竟不多，可是這世界上就是存在著各種思維的人，所以我們生活在這世界上，要懂得去注意到別人對「公平的定義」是不同的，自然就可以去理解別人的行為邏輯，進而包容跟自己不同的人。

老是認為「老天對我不公平」的人，就容易不滿、怨恨，也很想要去佔別人便宜；因為不這麼「積極的搶」，就可能吃虧。對於週遭這種朋友，如果他很窮，你讓他搶，你是積功德；如果他比你有錢，他還要搶你的錢，你也讓他搶，上帝自會去安排他那吞不下、多餘的錢，這你就不用管了。說句俏皮話：「有錢可以讓別人搶，也比沒錢去搶人家來的幸福」。

人生就是活在「得與失」之間的遊戲中

不知有多久了，我突然發現自己每天不斷的生活在「得」與「失」之間；因為這種感受，也讓自己領悟到「不要患得患失」這句話的真諦。

例如說，車子被撞凹修了幾千元，以前我會說「真衰」；現在我會笑一笑，對自己說「今天會得到什麼呢？」接著我會想到「下次怎麼樣改進，會避免更大的損失」；這種思考模式大概可以解釋這就是「得」吧？

只要還活著，你每天就會「失」去某些東西，例如時間，但是你一定要把握「得」的機會，這是老天跟每一個人在對玩的人生遊戲；你也可以不失去，只要小心一些，聰明一些，平時多進修一些知識及新資訊，當你有機會「得」的時候，就看你可抓住多少？留下多少？這是操之在你，你自己的能耐！

老天是公平的，因為每一件事，都不會是「一定公平」的，這就印證了一句名言「公道自在人心」；面對生命中的每一次「得」與「失」，若用宏觀的思維來看，自然就會有更豁然、更清新脫俗的生活態度了。

119 談男女平權

話説三、四十年代，社會上大多數是男主外，女主內，經濟大權操控在男人之手，經過半世紀以來的社會變遷，目前在臺灣，男女社會上的地位是平等的。法律對女性亦有明文保障，如考試、求職、就業、財產繼承等都有規定，不得歧視女性，處處突顯女性主義已抬頭，重男輕女的觀念已不復存在。這是深受西方男女平權觀念影響。另外最主要是女性教育普及，知識水平提升，就業後與男性一起競爭下，受到肯定，男人不再是高高在上，唯我獨尊，女性亦可以獨當一面。回頭看看，東南亞的日本、韓國、新加坡等，女性位居強勢，身負重任者，大有人在。世界上許多國家出現女總統、女總理，證明女人已不是弱者。

在臺灣，近三十年來我看到女性同胞，走出家庭，進到社會職場，不僅在升學競爭中較出色，在學校成績優秀，讓男人自嘆不如，在各個職場領域都有很好表現，這是有目共睹的事實，在佛光山我看到許多女性法師，有學問、有修行。整個社會大環境，處處表現陰盛陽衰現象，尤其在學習場所，如社區大學、社團活動、公益義工等，男性反而不熱衷、不積極，遜色很突顯，這是我的觀察。

有感台灣南北地域對女性的角色，普遍多有些許的落差。在北部一般家庭很尊重太太，如計畫趕不上變化，變化趕不上老婆的一通電話，表現對太太的敬重。在南部恰恰相反，女性仍以男性為中心，先生說了算數。甚至於不允許太太參加太多的活動，也不允許離開先生視線數小時，男人不做家事，表現大男人主義有之，這是典型傳統的男尊女卑。更沒有夫妻相互尊重，地位平等的觀念，太太對先生永遠言聽計從。（我所聞、所見）

給對方空間，是當今親子之間、夫妻之間，很重要的相處之道。何謂真愛？對應關係的人，凡事不相依賴、不相阻礙；反之相互依賴，事事阻礙，就是罣礙，亦是無奈，也非真愛？認真思考這句話是很有哲理的。

二〇一三、一一、二四

120 談成全、放手、放下

才見兩次面，彼此卻很投緣，第一次聊了一個多小時，第二次邊走邊聊，不知不覺近兩小時，因志趣相投，每天在雙溪河堤上健走。一次生，兩回熟，年齡又相近，彼此交換名片後，得知他是命理堪輿大師，對陽宅風水、談相批命，有高人見解。名片署名四知居士，好奇問何為四知？他簡單道出：生、老、病、死、福、祿、壽、喜、加上天知、地知、你知、我知。雖只有短短十六個字，卻涵蓋了整體人的一生。前八項是個人關心的隱私，後四項是天地良心，神明亦知的天機。

談及人的關係，要學會上對父母，下對子女親人，在情感上成全，放手的寬容。對事物因緣事理上，也要學會成全放下的胸襟。待人處事都能有成全、放手、放下的修養，則人生結局是圓滿的。許多為人父母是否竭盡所能，成全子女的期待，供其求學，待子女學業有成，能否放手，任其展翅高飛，發揮所長，不加阻撓或過分期望，太多呵護，放手不下？有些子女對待父母，是否能事事順從，成全所願，放手自在？也許有些父母是心甘情願、無可奈何；或無能為力、順其自然；有些子女是孝心有餘而力不足，主客觀有不同的條件，對錯不加論述。

在命理上，年輕人喜問學業交友，成年人關心事業婚姻，老年人重視身心健康。每個不同年齡有不同的生命價值觀，在生活、事業、婚姻、感情、健康上，通常是出現瓶頸或無助時，最好的精神寄託是，尋求心理上諮詢，或求神祈福，求命理大師，化解疑惑，人往往是災難臨頭，六神無主，情感理智無所適從時。能有名師指點，好友相挺，貴人相助，當能化危機為轉機。

宗教常勸人，不要執著、不要妄想、不要無明，要放下，就無所罣礙。說來簡單，心裡上很難求得了脫。美學大師蔣勳，兩年前經歷生死交關，痊癒後感覺到，生命真的可以有一種幽默去包容、感悟的。他說：「藝術不是首要，生活才是。」、「我跟朋友說，不要怕進入中年、進入老年，進入真的好好。」引用他這幾句話，說明凡事要成全、要放手、要放下並不難，當您生了一場大病，死裡活過來，就能完全頓悟。

二〇一三、一一、二九

121 如何點閱中華電信 Xuite 隨意窩

重要公告：Yahoo 奇摩部落格將於二〇一三年十月三十日進入全站唯讀 Yahoo 奇摩部落格進入全站唯讀模式後，我們預期將有大量備份、下載與輕鬆搬家的需求湧現。目前用戶資料備份、下載與輕鬆搬家的服務運作順暢，我們建議您立即行動，避開十月三十日起的需求尖峰，以免耽誤您的時間在等待資料備份、下載與輕鬆搬家。

這段文字在 Yahoo！奇摩部落格，登載兩個多月，有 blog 的友人，這段時間都忙著下載與輕鬆搬家，近月來陸續完成。新的畫面許多人不能適應，不少友人不知如何點閱，就個人所知，說明如下：

如何進入？點閱文章、閱覽圖片、回應。三部分，附上個人三個 blog 的中文名暨網址，歡迎指正！

中華電信 Xuite 隨意窩

57 復興崗

健群幽默小品

健群歲月行腳

中華電信 Xuite 隨意窩

57復興崗<http://blog.xuite.net/su350825/blog>

健群幽默小品<http://blog.xuite.net/wush350825/blog>

健群歲月行腳<http://blog.xuite.net/wu120835/

一、點閱文章：可從左欄最新文章、文章分類、最新回文章點閱往昔文圖。

二、閱覽圖片：點相簿即可選點相片。

三、回應：給個回應 comment 會出現回應方塊版面，回應後要填寫驗證碼，按確認送出即完成。

122 寂寞、孤獨之淺見

Loneliness 寂寞、Alone 孤獨從英文字來看是不同，中文字意上銓釋也是有別。寂寞是身影，是別人外在觀察的感覺，讓人感到冷清、孤單，因人具有群居生活的特性，不能離開群體而生存，分工合作的社會，創造人的生存與生活價值；而孤單是一種心境、自我內視的觀照，孤單的人容易尋求自我的靈修、思考，心地很清明，不受外在環境的染污，有機會啓發智慧，許多文學家、藝術家、音樂家、修行者，他們的天分被開啓了，這是孤單的心境，沉澱昇華的創意。前者是外在的感覺，後者是內心的轉念。

當一群人在歡樂，您置身其中，也許會感受內心的寂寞，或許您未能融入，或許對歡樂的人、事、都不認識，表面上很熱絡，心底上是寂寞的，這好比您參加友人喜宴，或宴會，舉目無熟人，飲食無味，可想寂寞的感覺。夜深人靜，走在深山裡、異鄉中，雖然孤單，但內心不會害怕，孤單只是一時的，短暫的。因為孤單，所以勇敢，因為寂寞，所以不能犯錯。仔細思考，忍受孤單，才能成功，忍受寂寞才能成器。在成器之前，成功只是一個福禍難知的追求。可是有多少人汲汲追求眼前的名利、權位，明知這些都是過眼雲煙，稍縱即逝。可想自己愚知，當局者迷，而不自知。

年紀大的人，害怕寂寞，沒有親人伴陪，沒有朋友談心，送到安養中心的老人，期待假日兒孫探望心切，如果以上所求不得，恐怕活下去的意志消沉，很易衰老善終，反過來若能克服孤單，在晚年會活得自在而平靜，必能延年益壽。可見好的心情、好的心境，轉個念何其重要。

二〇一三、一二、四

123 看見老病的無常

陪同南部友人，前往石牌榮總門診，在醫院看到的場景是：人很多、老年多、有子女陪、有老伴陪、有外勞推輪椅陪。往來人群，形形色色，都是為看病而來，可見許多人失去健康，需要求診。

人生、老、病、死本無常，從出生伊始，就逐步走向死亡，無人倖免，但有些人卻因生病或意外，英年早逝；有些人健康無病，終老一生，安享天年。壽命長短有很大差異，長壽百歲人瑞越來越多，人的健康與長壽，根據世界衛生組織公佈，死亡原因：醫療十%、環境，遺傳各二十%，剩餘五十%生活習慣，也就是人要為自己死亡負一半責任。可見後天的養生保健非常重要。俗話說：四十歲以前您糟蹋身體，四十歲以後，您被身體糟蹋。仔細思量，很有道理。

如果人生能夠經歷生、老、死三關，跳脫病苦，那就是福報，反觀現代人，許多人都不能倖免「病苦」關卡，只因為太多的文明病，如心血管的三高造成中風、糖尿病、以及各種不良生活習慣，抽煙、酗酒、大吃、大喝都增加五臟六腑的負擔，後天失調是生病的根源，中國人造字，癌症有三個口，吃了堆積如山的食物，就產生癌，應警惕自勉。

到醫院見到許多病患，愈感到健康的可貴，前車之鑑，應想到平時要注意均衡的飲食營養、適度的運動、充分的睡眠、良好的新陳代謝，加上好的心情，才是身心健康的不二法寶。共勉之！

二〇一三、一二、八

124 垂釣樂乎？

每日晨昏，漫步於雙溪河濱公園步道，瞧見溪流兩岸許多釣客，一年四季都有垂釣者，好奇觀察，中老年人較多，例假日有些年輕人，唯獨很少有女性釣客，幾乎未見，我曾將此發現，詢及多數友人，答案離不開：中老年人比較有閒、不怕烈日、結伴聊天，又有魚穫。我歸納說：可打發時間又有誘因。女性友人正好相反，比較沒時間、怕晒太陽、不敢觸碰魚餌、更不敢抓活生生的魚，以上是普遍性、客觀性之我見。

說到魚，想起網上一則故事：河邊有一船伕，渡船上來一秀才，又上來一位出家和尚，船伕划抵岸邊靠岸時，一些魚蝦被船輾壓死亡，此時秀才問和尚，船伕是否殺生？和尚回說，船伕划船只是本分，他沒殺生意念，而您卻庸人自擾，看到魚蝦之死，聯想船伕殺生，天下本無事，何處惹塵埃？在佛家來說身、口、意三者，若自作、若他作、有見聞隨喜。「自作」，就是不假手旁人，親自為惡。「教他作」，就是鼓勵和教唆別人去做不正當的事，這種間接犯罪的方法，比直接的還要罪加一等，因為它在已有的罪上還加上狡詐的罪行，所以

「自作」固然有罪，而「教他作」的罪行更大。什麼是「見聞隨喜」呢？這就是知道了別人在犯罪，而幫助他去犯，就是古人所說的「助紂為虐」。船伕本無殺生之念，是您眼睛所見，所想，加上我執。為善、為惡都是五識所見的認定，第七識末那耶識來識別，最後是在阿賴耶識中儲存。可見我執的影響深遠。

二妹、小弟是中臺禪寺虔誠皈依弟子，每週都赴寺院禪修精進，小弟上週出坡任務是，清除蜘蛛結網，抓活的蜘蛛放玻璃罐，交由師父到郊外放生，以佛家不殺眾生的慈悲，產生吃素的觀念。從釣魚這件事來看，釣魚是殺生行為，以旁觀者的立場，釣魚是樂？是殺生？就不能評斷對錯。

二〇一三、一二、一三

125 分享的喜悅

一本好書、一部好影片、一則笑話、一句讚美語、一首好歌、一幅好圖畫，或以文字、語言、大眾傳媒，舒暢人心，帶給朋友歡樂，都是喜樂的分享。日常生活中，如果您常常扮演提供分享喜悅，將歡喜面對人生，那恭喜您，您必將得到快樂，就如同捧束玫瑰花送給人，您手中必留芬香。

樂活人生是多面向的，聽一場音樂會、演唱會、演講，看一場精彩的電影、舞蹈、球賽、特技表演，經常與三朋好友聚會聊天，都讓您融入快樂心境，充滿喜悅，每天從電腦、Line 收到好友傳來很好文圖，體會友情的可貴。這要拜網際網路資訊之賜，現代生活不可或缺的終身學習。退休後離開職場，最好的知識來源——離不開電腦。

上了年紀的人，因我執而排斥新科技產品，往往以傷神、傷眼為由，拒絕使用智慧型手機，不會使用電腦，殊不知錯失許多學習機會。我鼓勵許多同年齡的友人，學會上網、學會傳信，看到他們樂在其中，分享這份喜悅。我五年前還是電腦的新鮮人，經過學習摸索，目前負責同學部落格的經手，文圖資訊上網，尚能勝任愉快。每天傳送 E-mail 體會分享快樂的喜悅。

每天一早起來，打開電腦，點閱友人傳來多元化的資訊，來自同學及許多友人的分享，包羅萬象，多采多姿，這是最好的精神糧食。偶而提筆寫些生活見聞，一樂也！

二〇一三、一二、一八

126 何者是應該的？

從許多生活細節上來觀察，如果您認為別人為您所做的任何事情是應該的，那份價值觀就絕對變質。舉例說：父母養育子女、子女孝順父母、養兒防老、學生尊敬老師（尊師重道）、校長對老師的權威、員工敬畏老闆、年輕人讓座老幼婦孺，這些都是傳統的普世價值；而隨時代不同，社會習性變遷，以上所談都可能被顛覆，如今常要養老防兒、防備子女棄養父母、老師地位在學生心目中不如昔、校長反過來尊重老師、老闆更要討好員工，真是十年河東轉河西。當然不是普遍現象，但世風日下，常耳聞可見。

講個故事：從前有兩戶鄰居，甲很富有，乙很貧窮，甲憐憫生慈悲心，每月送二斗米接濟乙，如此兩年多，未曾間斷，其間有一個月沒送米，乙反過來埋怨甲為何不送米？很清楚，乙將甲每月送給他米這件事認為是應該的，所以已經忘了感激。今天父母親留給子女再多的金錢房子，子女認為是理所當然，天經地義的事，當然不會心存感激。之故，現代為人父母，要懂得這個道理，該善待自己，不要為子女付出太多的金錢物質，甚至提前將財產分給子女，當心年老一無所有。聽說某大老，晚年將其不動產賣得數億元，自己租屋、請三位佣人，一位清潔、一位家務、一位看護，由月息數十數萬元支付，綽綽有餘，另要求子女每週假日回來探望，每次給五千元，連孫子也相爭回來，規定排表每次只能一位，用金錢誘因買親情，生前支配財產，真是有智慧。

話說回來，現代為人子女，每逢佳節如父母親節、生日，請父母上好餐廳享美食，看來很孝順，其實是受到大眾傳媒及同儕比較的外在因素影響，應該是境教的啓示。子女有此孝心值得安慰。以上所談偏重於親情，父母對子女、子女對父母、夫妻相處，都要仔細體會，何者是應該，內心千萬不要如此以為，天下事豈有絕對。您以為然否？

二〇一三、一二、二二

127 網球憶往

從民國五十三年至今已五十年，我與球類因運動機緣與興趣結了緣。高三畢業那年曾陪父親打過軟網，借父親的網球拍在學校練習幾次，這應該是第一次接觸的球類運動，不談初高中體育課的籃、排、足球，進了復興崗那個年代，網球風氣尚未盛行，民國六十二年調回母校，才有機會再度與網球結緣，憶開始練習硬式網球是民國六十九年，在幾位體育系老師指導下，啓蒙而後二十幾年的網球生活。

退休後又打了四年網球，同時也打羽毛球，在景美仙跡岩山上，每天上午都與球友打球聊天，度過快樂三年，後來遷居士林，才終止羽球運動，網球運動前後有二十幾年，到了八十七年參加長春高爾夫球隊，正式上球場打球，每年球隊在東南亞打一場球順便旅遊，在國內北、中南、宜蘭、花東都曾留下我們美好的回憶，可惜兩年前球隊因為沒有總幹事適合接任人選，終究解散。前後也打十二年的高球。

談打球也要天時、地利、人和等機緣，尤其網球羽球都受到時空的限制，要有良好場地，高球要有球證、要有球場，這些都是條件，人和也很重要。至今網球隊友每三個月聚餐話家常，成為一輩子的朋友。三十幾年來體會到打球可以健身，可以怡情又可以交友談心。從年輕學會各種球類運動，成為一生之中的興趣，樂在其中。

二〇一三、一二、二七

128 人生的潛能

孔子曰：生而知之者，上也；學而知之者，次也；困而學之，又其次也。困而不學，民斯為下矣！重溫孔子這段話，使我聯想到，人人其實都秉賦無限的智慧潛能，只是您是否有機會被開啓或激發，如是；您就會激發您的潛能。之故孔子所言，是生而知之；學而知之；或困而學之，我們大多數人應該是後者居多。

人的天性是好逸惡勞，可以假手別人去做的事務，自己往往是依賴他人完成，所以，身為長官者，是交付任務後，由部屬去執行，自己缺乏實作經驗，自然就沒有困而學之的機會。舉例來説二、三十多年前，開始使用電腦，身為長官者不必學習，下屬為您打字完稿，久而久之，依賴成習，看到榮總一些主治醫師，看診時身旁有實習大夫見習，電腦打字假手年輕醫師，名正言順。他們為了實務見習，樂於代勞，大牌醫師就未必人人熟練電腦操作。以軍中來説，近十幾年來所有公文、文書、信件往來一律使用電腦處理，屬下軍官、雇員個個是電腦能手，只因為熟習使然，同學們都已退出職場，當年沒有困而學之，如今才體會潛能沒有被激發，許多人不會操作電腦，更遑說傳信或打字，加上年紀大，學習慢、反應差，恥於下問，永遠不學習，成為電腦文盲。

人人有無限的潛能，只要您有機會去開發學習，熟能生巧，我很佩服臺大軍訓室的阿雪雇員，每分鐘可以打完兩百多字，他說當年天天為我們打講稿，練就快打工夫，這就是激發潛能最好例證，我建議他可以參加打字速度比賽，以學電腦比諭，凡事的學習都有無限潛能的開發，只要肯學，終有所成。

二〇一三、一二、三一

129 樂忙享退休

屈指算來，今年退休已邁入第十九個年頭，想當年才五十出頭，如今是耋老（註一）之齡，回頭看看現在五十左右的人，羨慕他們都很年輕，是否比別人大十幾二十幾歲的人，看別人都顯年輕？那麼現在大我十多歲的人，說我們很年輕是真話，話說回來，不必比年齡，心中永保年輕的心，你就年輕。

高中畢業那年，考不上大學，即使考上私立學校，父親當時以基層公務員的收入，也付不起學費，為了圓大學夢，只好參加軍事院校聯招，考上政工幹校政治系，從此啓始三十多年的軍旅生涯（含四年軍校生活）。軍旅生活確實改變了我的人生，畢業後在部隊服務四年，奉調回母校服務，在安定的工作環境，前後廿一年，後來轉入臺大擔任主任教官至退休，何德何能，我何其有幸，有如此福報。

退休後，享受無壓力的樂活歲月，忙打圓（網球、高爾夫球）、忙打方（麻將）、忙歡唱歌舞、婚喪喜宴，交際應酬，每週數天參加許多活動，如佛光山臺北教師分會，臺大退休聯誼會、臺大登山會、逸仙協會、臺大聯合服務中心志工、臺大退休人員合唱團、復興崗校友會、中國全民民主統一會、健康長壽早餐會、社區大學舞蹈班、忙上網、忙部落格經營等等，這些活動，豐富了生命、充實了人生、美化了生活、未嘗不是給我終身學習最好的修行，退休前忙著公務，退休後忙享樂，吃喝玩樂的快樂是福慧（註二）兼得，懂得惜福、知福、知足、感恩，內心是幸福、是快樂的。

寫於二〇一四、一、三

註一：60—耆老、70—耋老、80—耄老。
註二：能付出愛心就是福；能消除煩惱即是慧。

130 潛意識力量(1)

約三十幾年前看到「潛意識的力量」這本書，當時還做了筆記，以此為題，應同學之邀到會計師公會做了一場演講，印象深刻拿到三千元的鐘點費酬勞。

我發現人人天生都有無限的潛能（力），可惜未能適時被開發，如是，您將有意想不到的驚人力量，心想事成即是意識力量的展現。個人從年輕至今，印證潛意識力量成功的兩個實例，願提出分享，相信每一個人一生中，激發潛能的機會很多，只是未留意這股神奇力量，凡事只要心裡常常去冥想，「我想要」、「我可以得到」、「我將可實現」、「我一定可以」，這些心中的激勵與期待，有朝一日必能心想事成，久而久之您將夢想成真。這就是內心潛意識啓動的無形力量。（信心產生力量）

話說就讀軍校二年級時，有幸認識一位銘傳商專女朋友，每逢假日及寒暑假約會出遊，度過快樂的學生時代，人人稱羨，談情說愛多采生活，前後交往五年，畢業後論婚嫁，卻遭到女方親友極力反對，理由不外是，軍人不自由、待遇菲薄、沒時間顧家、這些都是事實，更不利的事情是部隊突然奉調金門，當時規定除非訂婚核備有案，否則外島兩年不能結婚，女方豈能再等兩年，於是嚐到兵變苦果，女友不斷地告訴我，只要調到安定的工作單位，家人就比較可以接受，就是這句話，深深埋在我心中，而後一直想到只有機關學校最安定，前者不可能，官階太低，後者，整整外島服滿兩年，美夢成真，民國六十二年元月奉調回母校服務，看完那本書，應驗了潛意識的力量，此其一。

每年教育部軍訓處委託政戰學校，辦理軍訓教官培訓，不成法的規定每年給學校一名上校保障名額，學校藉此推荐資深軍官，疏通人事，從民國七十年至七十七年連續有七位轉任大學總（主任）教官，七十八年以後要參加甄試，取消保障名額，到八十一年我爭取代表參加國防部全軍八十七位上校考試，錄取十三名，我有幸是其中之一，美夢成真。提這一段往事，絕無標榜之意，遠因是七十六年後，每年有意轉任報考之意，卻被長官一句看似美意的話不准，理由是尚年輕，有發展潛力，就這樣延遲了六年，當時內心形成一股潛意識，最後終於達成目標，轉入一般人稱羨的教官，近因是在研究班任教長達八年，應轉換職場，把位子讓給年輕學弟接棒，（晚我八期學弟才佔缺）。我於八十二年九月一日到臺大報到，真正享受「錢多」、「事少」、「離家近」的生活，此其二。

我引用這段話：心理學家西格蒙德・弗洛伊德在其《精神分析學》理中首先提出潛意識的註解，是指潛藏在我們一般意識底下的一股神祕力量，是相對於「意識」的一種思想。又稱「右腦意識」佛洛依德把心靈比喻為一座冰山，浮出水面的是少部分，代表意識，而埋藏在水面之下的大部份，則是潛意識。潛能也就是人類原本具備卻忘了使用的能力，這種能力我們稱為「潛力」，也就是存在但卻未被開發與利用的能力。潛能的潛意識我們的內心世界有兩個層面，一個是思想意識的層面，另一個是被壓抑在思想意識下的潛意識層面。從表面上看，我們的行為受自己的思想意識支配，但其實潛意識影響我們很大，只是由於潛意識受到壓抑，我們才無法知道它的存在，如此解說就容易深入瞭解。

寫於二〇一四、一、八

131 潛意識力量(2)

民國六十二年至八十二年整整有二十一年時間，在母校服務，從隊職到教職，歷經十幾位校長，每年學校軍官與部隊輪調，從營輔導長、旅處長到師主任，從少校、中校到上校，都有機會被徵詢意願或令調，為了學校安定的工作環境，我總在有驚無險的輪調案中，安全過關，因為潛意識已告知，我不適合部隊生活，故從不主動爭取。當民國八十二年要離開母校轉任軍訓工作時，鄧校長詢及如何能在學校服務這麼長久？我回說：因為我工作表現是中庸，不是最出色，也不是最差的，每次輪調人事案，總是將表現最好的幹部及最差的幹部列入檢討，校長說：「很有道理」。此乃潛意識力量又一例證。

畢業後，最關切的終身大事，不外是找適合對象結婚成家，當年軍人待遇比一般公務員差，大家都考慮要能找到職業婦女為優先，又以職業安定有保障的老師、護士對象最好，潛意識裡以此為標的，看到許多同學都能如己所願，更激發自己結婚的對象非老師、護士不娶，尋尋覓覓，三十一歲那年，終於找到心目中的對象，內人從事教職前後有四十七年，兩個人白手組成家庭，都歸功於潛意識心想事成的念力。

一生至今，諸多心想事成，全賴於正向的思考，發覺潛能的無限，正如祈禱的力量，求神拜佛的神來之力，有朝一日都可以應驗，誠如國父所說：「吾心信其可行，則移山填海之難終有期」。個人寫出一些實例，鼓勵人人激發無形的潛能，從精神上、從物質上都可以帶來身心愉悅的滿足。

寫於二〇一四、一、一一

132 生要逢時

今昔對比，今天在公園內、在校園裡、在荒野中，到處可見鳥群棲息，我常在臺大校園、雙溪公園，芝山公園看到松鼠與小朋友追逐，許多人主動餵食，拉近彼此之間的距離，鳥獸已視人類為安全的朋友，這是以往所未見。

話說三、四十年前，很少看到野生的鳥禽，一般家庭生計清苦，一些鳥類常遭人捕殺進補、進食，當年生不逢時的飛禽走獸，如今是得天獨厚，被自然生態動物協會保護著；除了教育護生保育的觀念，還歸功大家生活水準的提升，以及現代物質不匱乏的生活條件，以前野生鴿子（斑鳩）常被人當成最好的養生保健補品，喝牠的血、食牠的肉，如今想來還真殘忍。

憶往昔成功嶺的歲月，當年擔任大專寒暑訓，傳授愛國教育課程，晨起或黃昏常漫步於營區郊外，常見到斑鳩覓食，已不害怕接近我們，牠們體會到人有慈悲心、愛心，完全沒有戒心，更沒有敵意，與人和平共處，這是生要逢時的見證。記得當年寫了一篇文章，大意是：如果可以選擇，您願意當一隻野生的斑鳩，享受自由自在、飛去自如的生活，但要忍受風吹雨打、日晒雨淋，每天尋尋覓覓自求溫飽的日子；還是要當一隻養尊處優、衣食無缺（有吃有住），卻要失去大半自由的鴿子。引用羅蔓羅蘭一句名言：「生命誠可貴，愛情價更高，若為自由故，兩者皆可拋。」顯然自由比任何東西都可貴。

反觀居住臺灣的我們，沒有上一輩，生逢戰亂的年代，八年抗戰，顛沛流離、妻離子散，我們何其有幸，歷經一甲子安定的生活，鳥禽生要逢時，人又豈能例外。

寫於二〇一四、一、一六

133 歲末大掃除有感

友人週來忙著打掃清潔，我笑他趕不上時代，那是傳統的老習慣，舊社會年代，在鄉下，住的是前後院，裏外都要打掃整理，現在居住大廈公寓大樓，外面有專人每天打掃，住家平時都會清理，何須待年終歲末。住屋坪數大、房間多的家庭，有些住户，每月不定時，請打掃公司清潔整理，花錢可以省勞力苦，這是現代人的新思維。

過年前檢視家中，有那些需要打理？看客廳的燈飾，沾滿厚厚的灰塵，卸下燈罩、燈泡洗滌擦拭，舉一反三，將四個房間燈具全都清洗，花掉數小時，有煥然一新的亮眼，看看開放的書櫃，佈滿一層灰，密閉的玻璃櫃中，還是很難阻絕灰塵的侵入，空氣中何處不惹塵埃？古人所言，年終歲末將污濁清理，迎向新的一年，想來很有道理，此傳統美德已漸行遠矣。

年輕的一代，一昧的否定傳統，殊不知許多傳統，是老祖宗積數千年經驗的傳承，有些是不合時宜，但絕大多數是常理可循，由於科技文明的日新月異，求新求變是現代人進步的動力，電腦資訊的便捷快速，使我們忘記動腦用手的本能，書法的毛筆字，寫文章的中文字，漸漸失去訓練，而容易遺忘，一切依賴電腦，不敢去想像停電的日子，那是生活的停擺，不能洗衣、煮飯，沒有電視娛樂，物質生活與精神生活兩落空，生存大有問題。可想，現代人經不起戰爭的摧毀，那是沒水沒電，生活立即陷入黑暗的日子。每天過慣安定的日子，誰會去思考苦難憂患的歲月？

二〇一四、一、一九　由歲末打掃談起

134

期待是一種快樂

人從出生到終老，一生中不同年齡、不同工作職場、不同環境下，期待的快樂是不同的，一般來說期待的事情，通常是快樂的，如求學階段，期待畢業，隨後希望成家立業、升官發財、事業有成。退休後期待子女完成終身大事，含貽弄孫，這些都是人人一生中期待的快樂。

退休後，期待的快樂是當下健康、能走能動、能吃能喝，年紀大的人，如行動不便，對以上所求都是一種奢望，想來老而不健，是一種悲哀。趁著能吃喝玩樂的身心，應該好好享受當下眼前的快樂，如預訂的牌約、球敘、餐會、旅遊，這些期待即可實現的活動，都會讓您歡愉，與老朋友敘舊常掛嘴上，又多見了一次面。

人都是失去之後才懂得要珍惜，學佛的人，常勸人要活在當下，隨順因緣，不變隨緣，就是要把握今天所擁有，享受您捨得的金錢、時間及體力，去從事喜愛的消遣娛樂。諸如與家人歡聚、老友見面、享受旅遊、唱歌跳舞，選擇所愛、愛所選擇，喜歡所愛、終身學習。帶來情感與物質的滿足，未嘗不是期待中帶來的快樂，然而這些所談，看似平常簡單易懂，又有多少人能做到呢？

二〇一四、一、二三

135 心的感應

生活中您是否發現人與人之間的相處，彼此會由內心的深處產生一種微妙的感應，簡單說：您喜歡對方，對方也會對您產生好感，反之您不喜歡對方，對方也不會喜歡您，這是相對的感覺，同性如此，異性亦然。週遭生活所見到的親友、同儕、同事皆然。

很妙的寓言故事：當您批評某甲友的不是，隔天一隻小鳥立即飛到甲友住處窗口告知，非常靈驗，因為告狀的小鳥其實就是您週遭的朋友，因此寧願讚美也不要批評，您的朋友遲早都會知道。人究竟都喜歡聽好話，而厭惡別人批評指點，之故，喜批評說是非的人，往往不受歡迎，一些經常怨天尤人、埋怨批評、牢騷滿腹、不滿現狀的人、朋友會愈來愈少，您是否遇見過這樣的朋友。（好友的忠言逆耳，不鄉愿不在此限）。

憶生活過往今昔，您對某人初次見面的投緣，或不喜歡的感覺，就是所謂磁場相近，志趣相投，臭味相同的因緣。男女談情說愛，一見鐘情是最好的感應，初次見面不討厭的條件下，日久亦能生情，從淡淡的喜歡，到深深的喜歡，這就是愛。友誼亦如是，君子之交淡如水，小人之交甜如蜜，說明太親近的友情不會長久，因持續不易。人與人之間的相處，可以說是由心產生很微妙的互動，只要您處處留心，細細觀察，真的很靈驗，從現在起，您放下對朋友主觀上執著的好惡，對不喜歡的人改變態度，微笑以對，久而久之，彼此就會自然融和，究竟圓滿，不妨試試，相信心的直覺。

二〇一四、一、二六

136 歡喜過年

中國人農曆春節才是真正過年，這是兩岸中國人，含蓋海內外華人傳統風俗習慣，近百年所見如此，上朔歷代歷朝祖先應該如是，這是中華文化遠播四海的印證，綿延流長，永不止息。

回憶孩童歲月，期待過年，有紅包可拿，有魚肉可吃，有新衣可穿，生活物資窮苦的年代，這種期待可以滿足，吃喝的快樂，近幾十年來，生活條件大大改善，年輕一代，從小未曾吃苦，過年他們期待的是領到年終獎金。出國旅遊，物質生活奢侈且浪費有之，在餐廳點大餐，享美食都是他們？我們從小生活刻苦慣了，養成節儉美德，吃上一餐花數千元，有能力也捨不得，這就是花錢的代溝（價值觀不同）。如今邁入少老期，歡喜過年的心情，效率遞減，只因沒有太多的誘因，加上歲月催人老。（越走越多的是年齡，越走越少的是時間、越走越急的歲月、越走越短的是人生）

歡喜過年是家人可以團聚，親朋好友可以見面，有共同的假期，相互約訪，事實過個年，為人父母有得忙，忙家裡打掃，忙採買年菜，忙辦年貨，小家庭很簡單，比平時多買些菜，這兩天我到市場，看到水洩不通的人潮，供不應求的蔬果、魚肉，所見豐衣足食的市場經濟，表現出經濟富裕的繁榮、熱絡的買氣，顯見經濟復甦，可喜現象，讓我們大家歡喜過年，迎接馬年的成功。期待一年比一年更好！

二〇一四、一、二八

137 健康遠勝於一切

今天參加早餐會，友人陪同高齡八十有七的父親參加，聊談中得知他服務警界二十幾年，因身心體力不能勝任吃力的外勤工作，而於五十歲那年申請提前退休，之前因胃病而切除一半，加上痛風發作引起不良於行，正值壯年，卻為身心疾病所苦而離開職場。後來曾轉任較為輕鬆的公職，也於六十歲退休。

退休後，身心健康體力漸漸好轉，這要歸功於沒有工作上的壓力，保持規律的生活，平日無不良嗜好，每天戶外健走，持之以恆，經常遊山玩水，有好心情，擅長彈琴，能自娛娛人，參加許多公益活動，擔任志工，退休生活是多采多姿，樂活當下，常保年輕的心態，是健康不二法門。提到以上簡單的養生之道，是否能身體力行？如然，您是快樂一族。他說一些同學後來在警界擔任較高階職務，雖然升了官，卻在六十多歲就往生，不勝唏噓，可見擁有健康，才能擁有一切，名利全是身外之物。

常說從您手中用掉的錢才是您的，我要說，年老後擁有健康的身體，才能擁有一切，創造人生幸福快樂的「福慧雙修」才是人生最終要追求的目標，如果提前退休，換回晚年健康的身心，這是值得的。讓我們體認健康的可貴是遠勝於富貴與名利。這個認知與說法，不知您以為然否？

二〇一四、二、二

138　習以爲常是正常乎？

常言道：習慣成自然，尤其是日常生活上的起居作息、飲食等習性，經過數十年後就成為您的特性（個性），很難擺脫它，更難改變它，可見習慣影響深遠。常說思維產生行為、行為養成習性、習性日久變成個性、個性決定命運，應該可以成為定律，習性是經年累月養成，一旦成為個性，好壞都跟隨您。

舉個人生活上的幾個習慣為例。

其一：早睡早起、中午午睡

畢業分發部隊服務，軍旅生活四年之後，調回母校復興崗，從事隊職生活十幾年，朝夕與學生一起作息，養成早睡（晚上十時熄燈）、早起（早上六點起床），中午必有午休的規律生活，擔任隊職官晚睡及早起各半小時，從連隊的區隊長、訓導員、中隊長到營級幹部的營輔導長、營長、後來的學生指揮部訓導主任。整整有十幾年過著如此正常的作息，習以為常。從年輕到中年，當年是很好的生活習慣，日後卻積習難改。退休後一直未改作息，帶來最大的困擾是不能熬夜，不能沒午睡，否則精神不濟，尤其出門旅遊，是精神體力上的一大痛苦。

其二：三餐飲食規律準時

早餐七點半、午餐十二時、晚餐下午六點前，這樣的生理時鐘，除了軍公教人員是少有的，有幸我是身體力行十多年，如今我很難適應逾時而食，吃喜酒延遲開席超過一小時，體會捱餓之苦，此乃正常之後不正常的苦處。

其三：餐後必刷牙漱口

民國六十二年至今，整整四十年，餐後必刷牙，如今七十之齡，牙齒完整無缺，只有兩顆裝上牙套保護，這要歸功於勤刷牙的保健，如今最大的不便就是隨身攜帶牙線及牙刷，飯後不方便刷牙。

總結以上所言，習以為常是正常乎？道理亦明。生活的衣食往行，行住坐臥，一旦養成習性，不論是好與壞，多少都會帶給自己的便與不便，利弊是相對的，如是；便無對與錯好與壞的論述。

二〇一四、二、五

139 分享退休的樂活生活

高中畢業那年，考不上也讀不起大學，為了逃避當兵之苦，也為了圓大學夢，只好進了軍校，讀的是乙組，參加軍事聯招，考取政工幹校，如今回想起來，這樣的選擇確實改變了我的一生。

軍旅生涯，在部隊服務四年後，有幸輪調返回母校復興崗服務，從此在安定的學校環境工作，這是當年在部隊，大家夢寐以求而不可得的機會，往後有二十三年分別在政戰學校及臺灣大學擔任隊職及教職，一路走來身為人師經師尚能勝任愉快，尤其在研究班教學八年、在臺大教學兩年都具有挑戰性，更能體會教學相長的真義。一轉眼今年退休邁入第十九個年頭，在民國五十三年入伍將屆滿五十週年的今天，同學發起人人寫一篇小傳，分享退休生活的點滴，樂以為文。

其一：終身學習，樂此不疲

士林社區大學是全臺北市最早成立的大學，因就地緣之便，先後修習汽車修護、命理與勘輿、心靈哲學，其中後者選修長達七年，對身心靈的提升，獲益良多。民國九十三年士林樂齡老人社區大學開班，在高島屋旁，我參加國際標準舞初級、中級、進階班，略有基礎之後，又參加東湖、中山市場、士林公民會館舞班，如今已將跳舞視為運動消遣，一樂也。

其二：參加社團，廣結善緣

臺大退休後，分別參加臺大退休人員聯誼會、臺大登山會、臺大聯合服務中心志工十年，另參加每月一次健康長壽早餐會，長達二十八年，擔任中國全民民主統一會秘書長至今十三年，參加臺北佛光山教師分會，十幾年來，每年均參加暑期佛學夏令營在佛光山。球隊的聚會、牌友的相約、臺大登山健走、同學相邀歡唱……都增添了生活的情趣，全統會經常受到大陸邀請，與會長曾多次組團訪問。唯活動一多，時有分身乏術，應接不暇的難苦處。

其三：健走運動，持之以恆

從年輕就喜運動，初高中時天天在單雙槓下健身，練得如今腹肌結實，扶地挺身仍可輕鬆做完十下，在學校晨昏與學生慢跑，訓練體力，而後迷上網球、羽球、高球，這是近三十年的戶外活動，退休後，每天晨起及下午快步健走，一天二至三小時，持之以恆，堅信走路是最好的健身，亦是保持體力及身材最好方法。每天健走於雙溪河濱公園及芝山公園環山步道當成功課，亦是最為快樂的時光，健康是要經營的，老年更要有健康的身心！

其四：家庭主夫，採買做菜

因比內人早退休十五年，當時承諾包辦家務事，包括採買煮飯，這一工作不因內人退休而休止，家務事變成每天是要做的公事，如今亦能駕輕就熟，能帶給家人高興「做飯」。想吃什麼有主動權，一利也。話說回來，因參加活動太多，每週做飯經常缺席，不是很負責的家庭主夫。

以上拉雜瑣談，意在表達退休生活一二，樂以分享好友。

二〇一四、二、七

140 格主難為！而為

第四屆同學會十四期正式成立57小坪頂部落格，第五屆同學會延續經營，更名為復興崗上二〇一一，第六屆同學會庚續易名為57復興崗，期上有部落格，獲得各期學長學弟羨慕稱許，這是表現同學互動最直接又快速的資訊平台，透過部落格，可以看到同學家人，婚喜或傷悲的場景，這五年多來，使得同學之間相互連絡更為方便。

常言道：「多做多錯、少做少錯、不做不錯」這是怕受批評，怕被指責的鴕鳥心態。好友華淼兄當選第六屆同學會會長，請我擔任資訊長，負責同學部落格管理，一年二個月以來，每天要花六、七小時經營，如公布每月壽星名單、發表同學旅遊見聞、不定期公布會務公告、同學家人喜慶等等，最近陸續登載同學小傳，讓入伍至今半世紀友情，可以重新回憶，將來集結成書發表，我樂觀其成。我深深了解人的身體，久立傷骨、久坐傷血、久視傷神、久行傷筋、久臥傷氣的道理，亦有「久視傷血」一說，是指長時間使用眼睛的人容易近視或得某種眼病。「久坐傷肉」是指人長時間坐著不動，會損傷人體的頸、腰等部位的肌肉……這些都是長時間使用電腦的後遺症。但仍義不容辭為同學服務，此其一。吃力不討好的眾人之事，必會受到批評或不滿，基於多數人能肯定，就義無反顧，此其二。值得安慰是，到目前獲得讚許鼓勵者多，指責批評者少，所幸只有兩年任期。

據我了解，近三百位同學，每天約有三分之一點閱 blog，會回應者更是少數，大部分同學不使用電腦，在今天資訊時代，許多知識來自網站，失去終身學習最便捷的工具，每遇同學，我鼓勵他們從現在開始接觸電腦，只要有起步，永遠不嫌遲，在我苦心勸導遊說下，前後有幾十位同學已學習使用，子女是家中最方便老師，我亦一步一步一路學起，如今邁入第六個年頭。管理部落格之後，讓我無暇參加每週一次的麻將同學會，未嘗不是生活中小小的改變。

二〇一四、二、一三

141 有朋自北京來

下午陪同全統會王會長化榛先生，在國軍英雄館會見來自北京的三位朋友，分別是黃埔軍校同學會郝副秘長一峰（右一）、方副部長新生（右三）馬翠先小姐（負責臺港澳聯絡部）。協商 2014.03.23 全統會一行廿一人受邀參訪北京、天津事宜，會長並致贈每人一份臺灣高山茶禮盒，相談甚歡。

二〇一四、二、一三

142 有「愛心」的人

晨健走於雙溪河濱公園堤防上，看見一婦人騎腳踏車，手持小花鏟，沿途清理狗大便，經他身旁，我稱許他是有「愛心」的人，是做善事的人，雖舉手之勞，他有心為之，別人無心，我佩服他的義行。

小學國中公民道德教育，告訴大家要維護環境清潔，在市街小巷，常見牽著寵物蹓狗的場景，市民生活教育提高了生活品質，狗主人會隨手清理，寵物大小便，但見少數外勞，沒有公德心，在公園、在馬路常見排泄物，這就是從小家庭教育，學校教育出了問題，大凡一個先進文明的國家，從社會一些現象，不難看到人民生活水準，常到國外旅遊，愈是先進的國家，市容整齊、街道乾淨、交通井然，到一些落後的國家必是髒亂，從文明到落後，許多生活不能適應，大陸近幾十年來，經濟大幅成長！硬體建設高樓大廈，突飛猛進，高速公路、高鐵動車，全面現代化，可惜人民的生活水平，軟體文化的腳步卻跟不上，產生物質文明很大的落差。根本解決之道，從小要從公民文化道德教育做起。諸如上下車要守秩序，讓坐老幼婦孺，不可隨地丟棄紙屑、煙蒂、吐痰等等，兩岸都是中國人，就有很大區別。

芝山公園環山步道，常見有愛心的義工，主動打掃落葉，每經身旁，不忘說聲謝謝，內心很溫暖，看到他們奉獻的精神，感到社會上有許多善良的一面。臺北市民的生活品質，生活素養是受到肯定的。香港友人、大陸來臺記者、學生都曾發表文章讚許，我們應發揚光大此善行義舉。當以此為榮。

寫於二〇一四、一一、一六

143 憂傷有別

最近得知幾位認識的親友，不幸往生，內心無限遺憾與哀慟人有七情六慾，喜怒哀樂憂傷悲是情緒的自然表達，每天打開電視新聞，看到來自全球各地區，發生不幸的天災人禍，災難的悲劇，讓人心生同情憐憫，卻因親疏有別，加上地域遙遠，又是不同的國家，不同的民族，那份同理心哀傷的感受，就沒那麼深刻。

話說佛家講到慈悲有三種：生緣慈、法緣慈、無緣慈，解釋如下：

（一）生緣慈悲，又作有情緣慈、眾生緣慈。即觀一切眾生猶如赤子，而與樂拔苦，此乃凡夫之慈悲。然三乘（聲聞、緣覺、菩薩）最初之慈悲亦屬此種，故亦稱小悲。一般指有血緣的親人，如父母、兄弟、姐妹，謂之有緣慈悲。

（二）法緣慈悲，指開悟諸法乃無我之真理所起之慈悲。係無學（阿羅漢）之二乘及初地以上菩薩之慈悲，又稱中悲。一般指夫妻、長官部屬師生或同學同事均屬之。

（三）無緣慈悲，為遠離差別之見解，無分別心而起的平等絕對之慈悲，此係佛獨具之大悲，非凡夫、二乘等所能起，故特稱為大慈大悲（梵mahā-maitrī-mahā-karuṇā）、大慈悲。無緣慈悲是心無分別，普救一切，不但對一切人類拔苦與樂，擴展至一切有情動物，皆起憐愍愛護的心，這是諸佛所獨有的慈悲。簡稱無緣大慈。

以上三種慈悲，並稱為三緣慈悲、三種緣慈，或三慈。

引用佛說三緣慈悲就是：凡人都有等差的慈悲心，相對的親疏產生的慈悲心亦有別，這就是對認識的親朋好友，有一天離我們而去，悲傷難過是必然的道理、瞭解生命的無常，卻也無法避免為逝去的親友一灑傷心淚。

二〇一四、二、二〇

144 耳聰目明談老健

「年輕時您蹧蹋身體，年老時身體蹧蹋您」。這句話言之有理，常聽到要「老得慢」這句話，其實是可以掌握在自己手中，我們從世界衛生組織公佈：影響人類壽命因子中，六十％取決於自己，十五％基因遺傳，十％社會因素，八％氣候變遷，七％自然環境，從數據中來看，可見壽命與健康是操之在己。

年歲漸長，生理機能退化是正常的，如視力漸弱，聽力漸差，齒牙動搖，這三種生理機能，將影響老年生活至鉅。視力牙齒好，從年輕時就要維護保養，等到老年老化會比較慢，最明顯例子，老花眼有早到四十五歲，有遲至五十五歲到六十歲，老化早晚相差十幾年。父母沒近視，子女卻戴近視眼鏡，可見後天造成原因大於遺傳。上了年紀的老年人，最明顯的眼力退化，耳朵重聽，牙齒不好，這些症狀必帶來生活許多不便，輕者配帶眼鏡助聽器、裝植假牙，重者拜醫學進步，全部移植更換，眼睛雷射校正改善視力，牙齒以人工植牙花上大筆醫藥費用，晚年花錢買到健康，這是現代人修來的福報。（老一輩是夢想不到）

日常生活中，常見一些人，閱讀書報要帶眼鏡，說話要放大音量，吃東西要選擇，在在說明，眼、耳、齒三者的重要，它會帶來生活上很大的困擾，最近看到一則勉勵要樂活的人生，摘錄與好友分享。

二〇一四、二、二

不要活得太累，不要忙得太疲憊。
想吃了不要嫌貴，想穿了不要嫌浪費。
心煩了找知己約會，瞌睡了倒頭就睡。
心態平和永遠最美，快樂才是大富貴。
總結：老健才是最可貴。

145 資訊帶給生活的隱憂

週前，使用一年多的智慧型手機故障，送修要二至五天，生活頓失依靠，因為習慣隨身攜帶的資訊工具，已成為生活不可或缺的必需，只好取出昔日手機暫代，一年未使用，操作全生疏，一天之後難耐不便，只好又購買一隻全新手機，舊的不去、新的不來。事物「成住壞空」的無常，讓我很快釋懷。手機逾一年保固期，須自費維修，雖幾百元，想到不需要，就沒修護價值，又一釋懷。

明知生活簡單才是幸福，偏偏貪欲太多，衣服、鞋子、帽子、太陽眼鏡等等生活物品，多年下來，佔據衣、鞋櫃，捨不得丟棄，人之通病，「貪瞋痴」三毒，讓自己煩憂，「知易行難」的道理可見。網上看到愛恩斯坦在一百多年前就預言：當科技文明進步到生活的必須，人類都成為生活上的白痴。不論此語是否出自愛恩斯坦，如今面臨資訊e化時代，各行各業無不使用電腦，智慧型手機如今已人人一機，可以取代電腦操作，隨身可查資訊，可 Line 又可免費電話，方便之至，成為老少咸宜的生活必需，此語不幸言中。

我不敢想像，有朝一日或天災或人禍，造成電信故障，沒有資訊可用，停電後的生活一切也停擺，沒有電就沒有水，吃喝拉雜都成為現實問題，各行各業不能正常運作，因為科技文明已使人們過度依賴。請問停電停水幾天您怎生活。一日無手機，感到舉手無措，是科技帶來的利弊，顯而明瞭。

二〇一四、三、三

146 我的 E-mail 好友

日前收到一封「賈伯斯在病床上對人生的感悟」。是一位不認識友人寄來，文很好、於是我回信說：「很高興收到寄來的 E-mail，可否告知我們在那兒認識？」他回覆說：我的一萬多個信箱裡，約 2/3 是朋友、網友、客户～希望我多分享；所以我只能回答：我不確定是哪位朋友給的資料？天呀！我三個信箱才二百多位網友，但每天收到的信件已超過百餘件，一天不開信箱就累積二百多件信，而這位朋友竟然有上萬個網友，真不知如何面對？收信與寄信都很忙，前者要啓閱、要回覆，後者要轉傳分享，還要考慮合適那些朋友，男女有別，要將通訊錄連絡人從頭到尾過目選擇，其間每封信要花好幾分鐘時間。之故能收到友人傳來的信是很珍貴的。起碼您是他心中的網友。

我的 E-mail 好友，以同學為主，從小學、初高中到軍校同學，再延伸到昔日學長、同事、球友、各種聚會結識朋友、有緣相會，交換名片很容易就成為網友，許多網友互動頻繁，少數網友只收不傳，我仍不吝分享。轉傳好的文圖，內心是喜悅的，這是付出的一種快樂。憶去年參加曾文初中畢業五十三年同學會，同桌吃飯之緣認識一位老師退休的女同學，半年來相互分享伊媚兒信件，以及彼此的部落格。僅一面之緣卻仿如熟識的老朋友，只因為是半世紀前的初中同學情。可見網友是可以拉近彼此的距離。

智慧型手機問世幾年，如今已普遍流行，人人以 Line 傳達，不僅可以上網看信息，又可點閱 Facebook，上網查詢交通資訊、氣候、幾乎可以取代電腦。電話免費加上攜帶方便，用了它生活就離不了它，還要依賴它。可見資訊網路的重要。有感於資訊網路的方便，網友的連絡如能好好運用傳達，將成為終身學習最好的工具。

二〇一四、三、六

147 人多的地方

日前到陽明醫院探病，發現一樓大廳擠滿人群，好奇問護理人員，一探究竟，告知免費老人健檢，這是臺北市年逾六十五歲市民的福利，其他縣市應該也有這項服務，顯見臺灣的健保醫療制度，可以算是世界少見的福利政策，難為政府財政大支出，小市民應該知福惜福感恩才是。（旅居海外的華僑都願意搭機回國看診）

談到人多的地方，讓我聯想臺灣的一些現象：大賣場、百貨公司週年慶、大醫院求診看病、觀光旅遊景點、假日各大餐廳、電影院、臺北一〇一大樓節慶煙火秀、週休二日末幾班捷運人很多、知名影歌星演唱會、各種球賽、幾個觀光夜市、各喜慶宴會、廟會等等不勝枚舉。以上略舉不難發現，這是人多的地方，這些跡象看來民眾的消費購買力，與十幾年來經濟未成長很難劃上等號，莫非家家戶戶存款豐碩？

人多所地方必吵雜擁擠，年輕人體力好，上了年紀的人比較不宜，有此一說：到了人多的地方逛逛，回到家中感到疲累現象者，老年人居多，一來體力耗損，二來出入年輕人氣場此您強，您的元氣受損，好像有些道理。說個故事結尾：宋朝大將軍岳飛治軍嚴明，但很怕老婆，他心中很佩服不怕老婆者。某日集合部隊時宣佈說，不怕老婆者站右邊，怕老婆者站左邊，他發現九十%的人站到左邊，回頭就問右邊十%不怕老婆的人，他們卻異口同聲回答說：老婆有交代，人多的地方不能去；這時發現有一個人站在中間，好奇問道，您未何不表態？他回說：這個問題要回去請示老婆才能決定。看來自古以來人人都怕老婆，雖是編出來的笑話，亦可博君一笑。細細思量您是否也是PPT一族？

二〇一四、三、九

148
物極必反——談飲食

任何食物，讓您天天吃，吃過量，都可能產生往後意想不到的後遺症，一般俗話說：「吃傷了」。從小喜歡吃的零食，天天吃，潛意識中不知不覺，產生排斥，幾十年後忘記了，無緣無故對它產生抗拒，甚至一輩子排斥，或不敢再食用，這種現象，時有所聞亦隨時可見。

一位友人，不敢食肥肉，他記憶中從小曾被逼著每天吃肥肉，及長看到一點點肥肉也食不下嚥，此其一。從小愛吃果凍，天天無它不歡，後來看到果凍，不知原因不敢食用，經其祖母解析才幌然，原來小時每天必吃，不然就哭鬧，後來吃傷了，從此不再吃，此其二。一對姐妹長大後不喝鮮乳，他們從小天天必喝它。另一位小孩就讀三軍託兒所，學校每天供應免費豆漿，老師強調有營養，天天當開水飲用，後來看到豆漿就不喜歡，可見常常吃的食物，有一天會吃賦、吃怕。記得從小大家環境普遍不好，以地瓜佐食，及長就有人就不喜食用，最近提倡養生，回頭吃地瓜、地瓜葉是健康養生，日常生活從飲食過量，舉例如上，不無道理。另有一種情形，當您食用後產生後遺症，如腹瀉或過敏等現象，以後在不敢碰觸，潛意識中已排斥它，有人食用草菇、過貓野菜，身體不適，以後再也不敢食用。

老天爺很公平，每人的一生吃喝有定額，抽煙喝酒亦有限量，當有一天醫生告誡不可煙酒，是健康出了問題，為了保命，只好忍痛戒除。吃任何山珍海味，天天吃一定吃膩，不信您天天大魚大肉，見到青菜就是寶。因此上天要我們惜福、知福加上感恩，任何東西適可而止，才能細水長流，延綿流長。您以為然否？

二〇一四、三、一二　晨

149 旅遊心情

受邀的餐宴，我通常會問主人：有那些人參加？在什麼地方？為何請吃飯？不是挑剔，而是有選擇性。如人不對、地不對、或有目的，氣氛就不好。參加旅遊也會考量這些因素：人對、地點喜歡、當樂意參加，一般說來，旅遊是放鬆心情、舒解壓力最好的身心活動，除非因公出國考察身負任務，有壓力。過去每年常到東南亞各國打球順便旅遊，帶著球具比較不便，但歡喜加上興趣的誘因，每年還是很期待，可見旅遊可以讓人快樂，尤其一些志同道合的好朋友，一起相約出遊，人對了到那裡都覺得好玩。

這七年來，常參加臺大退休人員聯誼會活動，前四年我一人參加，九十九年內人退休後，每月一次一日遊，都會一起參加，北至宜蘭、花蓮、南至高雄、台南、中北部的台中、彰化、苗栗、新竹、桃園等地方，都是常去的景點，許多地方既使重覆旅遊，不同時空不同對象，常常是有新鮮感，且讓人驚喜。不同季節有不同的美，一年一次兩日遊，我們都沒缺席，因為感覺氣氛很融洽。

十幾年來國內旅遊，各風景區都非常熱鬧，要避開週休假日或連續假期，退休的人要利用非假日出遊，否則人多、車多、餐廳人更多，隨著年老人口越來越多，發現非假日出遊的人也愈來愈多，國內旅遊成為休閒娛樂的風潮，臺灣雖然不大，許多景點美不勝收，國人捨近求遠，到國外長途跋涉，花錢又花時間，回過頭來才發現美美的景色，其實就呈現眼前。如宜蘭東北角海岸、花東海岸，西濱海岸，山區的幾個農場，北橫、中橫、南橫公路沿途山景，相信許多地方您也沒去過，要身體健康、行動自如、體力良好，才有福氣參加旅遊，您說是否？

二〇一四、三、一六

150 專題講座

過去曾有十幾年的教學體驗，偶而應友人之邀，每年做一、二次的專題演講，蒐集過去相關筆記資料，加以整理，溫故知新，教學相長，當可勝任愉快。回味昔日上課舞臺，有回到當年四、五十歲年輕的感覺與心情。如今以七十之年，回首去看五十出頭的人，覺得他們很年輕，自己從未覺知已老（忘年）。

今二〇一四年三月十八日上午，應臺大退休聯誼會之邀，在「談古論今」的範疇中，做一場引言。以「潛意識的力量——心想事成」為題，不以理論講解，而以實例來述說，以輕鬆的案例，普受歡迎，事後博得多位教授的讚譽與肯定，內心頗感安慰。承辦人劉組長鵬佛教授，要我簡述講授內容，略記如下，敬請指正。

所謂潛意識：「是指不為個人所覺知的心理狀態；而且他人也不能直接予以觀察。」它是左右人心的隱形力量。心理學家佛洛伊德（精神分析學）中首先提出潛意識的註解，是指潛藏在我們一般意識底下的一股神秘力量，是相對於意識的一種思想，又稱為右腦意識。他比喻為一座冰山，將浮出水面的少部分代表意識，而埋藏在水面下的大部分則是潛意識。潛能也就是人類原本具備卻忘了使用的能力，亦稱為潛力，它是存在，但卻未被開發利用的能力。這說來有兩個層面：1.思想意識的層面。2.另一個被壓抑在思想意識下的潛意識層面，一般人卻很少開發。

在人生（工作）上的成功，心態比頭腦聰明與否更為重要，您要成為幸福的人、富裕的人、成功的人就要充分利用您以身俱來的潛意識，常有正向思考的能量，啓動之後往往心想事成。比如經常思考一些美好的事情，會產生一種吸引好事情的磁場，這就是潛意識激發出來的力量。明瞭潛意識的威力無比，您要常在意念中透過宗教信仰瞑想、禱告、祈福、默念中反覆增強，您可以用在學習、治病、保健等等需求中，將可以得到事業、健康、財富、情感等信心的獲得與掌握。我很認同學歷只是銅牌；工作、能力、經驗是銀牌；人際關係（人脈）是金牌；而思維心態（意識）是王牌這句話。可見潛能的開發運用對人的一生多麼重要。您認同嗎？

寫於二〇一三、三、一九

151 無酒不成席

酒菜不分家，國內外皆然，歐美許多國家，講究酒文化，吃紅肉喝紅葡萄酒；吃白肉或海鮮喝白葡萄酒，餐前酒、飯中酒、餐後酒皆有別，他們品酒文化與東方人顯然有別，喝什麼酒用什麼杯子，與溫度都很講究。中國人喝酒淵源流長，有好幾千年歷史，少數民族，風俗習慣更為奇特。自古以來只有談茶道，未聞有酒道，洋人則不同，酒櫥隨手可倒酒，一人獨歡有之，中國人必呼朋引伴，強說獨樂樂不如眾樂樂，但是比較沒有高品質的酒文化，大陸各省有各地的特產酒，可見中國人好酒，自古以來即是。酒種類琳瑯滿目，人多地廣，隨人喜好。

臺灣人喝洋酒大口乾杯，昂貴的法國白蘭地、葡萄酒、美國、英國的威士感，加拿大的冰酒，一瓶幾千甚至上萬有之，但我們一次喝光，不足為奇。勸人喝酒成為一種特殊文化，席間人人等量，不喝沒誠意，不醉更不能代表主人的盛情。大約七、八年前，在林口球場，老長官楊先生剛從輔導會退休，看到長春隊球員都是政戰同仁，即告訴球隊隊長萬先生，中午由他做東請吃飯，飯前問大家要喝什麼酒，我們推辭因開車不能喝酒，他回說請客無酒不成席，大家只好允諾喝少許啤酒算成席，可見酒菜不分家。洋人喝酒不一定有下酒菜，中國人不然，有特別適合的下酒菜，一般說來會喝酒的人只吃菜就不吃飯，喝酒東西文化截然不同，各不同民族亦然，不在本文探討。

我雖不擅喝酒，與三、五好友，一起吃飯喝少許酒，感覺氣氛會融洽些，故每次出國必帶兩瓶免稅洋酒。會喝酒能品酒的文人雅士，像古詩人李白，酒逢知己千杯少，喝酒做起詩詞歌賦，尤為美妙。許多藝術家、文學家、音樂家等都愛好煙酒，可藉助其創作靈感，當然不能一概而論？隨興寫來，喝少量酒，確實有益健康又可廣結善緣。

二〇一四、三、二二

152 談民族性

有十天未寫隨筆，因為一趟北京、天津六日行。看到大陸突飛猛進，回來看到反服貿的群眾，加上一群胡鬧無知的學生（被有心人利用而不自知），難怪十幾年來臺灣的經濟掉到亞洲四小龍之末，一昧的為反對而反對，沒有理性的抗爭，殊不知天理、良知、良能、良心何在？老百姓何辜？

昔日中國高喊要超英趕美，如今有目共睹，早已超英，並已成為美國害怕的競爭強國，從軍事、經濟到科技，再若干年之後必能獨領風騷，不是為中國吹噓，這就是中華民族的民族性，儘管住在臺灣的少數人，心底上不承認他是中國人，但走到那裡，黃皮膚、黑眼睛是永遠不會改變的標誌，臺灣人就是中華民族的族性是不能否認的。

當年二次大戰，希特勒殺了數百萬的猶太人，因為自認日耳曼人最優秀，想不到猶太人比他們優秀，才趕盡殺絕，不殺不快，如今猶太人以色列不但未亡國，在美國高層科技、銀行界都能間接影響並主導政治經濟的脈向，誰能輕視他們，這就是以色列人堅強不改的民族性，改名換姓可以不被殺害也不顧。

中國人走到那裡，比當地人還要勤勞刻苦的民族性，永遠不變，每天工作八小時之外還要加班，努力工作，剝奪他們賺錢的機會，當地人很反彈。這是五千年勤奮努力、刻苦耐勞、節儉樸實的民族性。是民族的優點，是其他民族不能毗美，而嫉妒的。這就是中華民族的屬性，臺灣人也共有的民族性。談民族性就顯見臺灣人就是中國人。

寫於二〇一四、四、一

153 「中國全民民主統一會」北京、天津參訪紀實

一、緣起：

二〇一三年十月七日本會應澳門地區中國和平統一促進會劉會長藝良先生之邀，由王會長化榛先生率五人出席「中華民族團結與復興」研討會，兩天的論壇由海峽兩岸三地的學者專家計百餘人，提出百篇論文，為促進祖國和平統一，從學術面、基本面、實務面來探討一中框架，增強兩岸政治互信、增進共同認同、鞏固互信基礎、深化兩岸關係和平發展，我全統會五人代表提交大會六篇論文，在分組研討會發言，深獲佳評。總結是兩岸目前維持現狀是大多數人民最大期望及選項。會中王會長向中國和平統一促進會杭執行副書長兼（黃埔軍校同學會秘書長）建議本會參訪意願，當下允諾，遂於二〇一四年三月廿五日～卅日安排此次北京、天津參訪之行。本人身為祕書長陪同全程參與。

二、行程：

此次本會一行二十人在黃埔軍校同學會精心策畫下，五天的行程安排略述如下：

第一天：16：00拜會中國和平統一促進會，是晚接受歡迎晚宴。

第二天：09：00拜會國臺辦，14：00參觀中關村高新技術企業。

第三天：08：00赴北京桂甲峪，參觀新農村建設。中午接受平谷區人民政府姜帆區長三十人大型圓桌午宴，並贈當地名琴一把。17：30拜會北京市黃埔軍校同學會，是晚接受該會副會長宴請。

第四天：10：00參觀天津泰達經濟開發區，17：00拜會天津市黃埔軍校同學會、18：00天津市海外聯誼會，晚上由天津市黃埔同學會宴請。

第五天：08：30參觀天津空港開發區、14：00參觀天津規畫館。

三、感想：

由於本會大家共同意願，會長特別請大陸安排，不參觀名勝、古蹟、風景，希望參觀平時看不到的高科技工業，特別是此次到北京參觀中關村自主創新示範區，即中國高科技產業中心，如聯想、百度等高科技，經由解說員詳解，大家對中國第一個國家級高新科技術產業發展區，才有更深入的瞭解；其次來到地處北京市郊二個多小時的桂甲峪村，全村一四六户，四六〇口人，山場面積八千畝。我們分三批由專人帶領參觀，看到一個優美的環境，綠色生態的山區，新農村、新社區，家家户户，電氣化、太陽能源，注重環保，宛如世外桃源，大家都期盼有朝一日，呼朋引伴來此度假。第四天來到天津，分別參觀天津經濟技術開發區、空港經濟區、天津市規劃展覽館，著名的意大利風情保護區、歷史展區、濱海新區等等，真讓我們大開眼界。天津不愧是中國的直轄市。目前天津已有三千三百多家外商投資企業落户，總投資額超過一五〇億美元，成為電子通訊、食品、機械、生物、醫葯四大支柱產業，經濟飛逝發展，不僅是中國的驕傲，在世界的出口加工區中也堪稱典範。非常感謝有此待參訪機會，共睹中國大陸科技的進步，邁向世界第一強國將指日可待。

二〇一四、四、四

ps：本會會長親撰：紀念牌贈送

從和平發展到和平統一

為民族復興共圓中國夢

154

時空價值觀的蛻變

──談婆媳角色

日前老師從北京回臺演講，師生難得歡聚，國父紀念館B1的自助餐桌是長條型，一起聊談很不方便，女同學圍繞老師話家常，我與另兩位女同學距老師較遠，只好閒聊，巧的是他倆才五十多歲，都當上婆婆。聊起現代婆媳相處，新的觀念觸發為文。

從前四、五十年代婆婆角色是權威至上，媳婦唯命是從，甚至婆婆虐待媳婦是常有所聞，見怪不怪，之故，有朝一日媳婦熬成婆，變本加利苛求媳婦，如此惡性循環報復心態，從民國初年到六十年代是司空見慣，雖未目睹，可想當然耳。在大家庭生活下的媳婦，三餐家事勞累可想而知，勞力尚可忍受，精神虐待要忍氣吞聲，可憐他們生不逢時。談到七十年代以後，子女少子化，一兒一女是大家追求圓滿家庭，如今兒女結婚，都希望子女可以同住，兩位年輕人都上班，婆婆在家，心甘情願為兒媳煮飯燒菜，還幫忙帶孫子，為了尋求歡欣，做的飯菜還得讓他們喜愛，這就是現代婆婆，用心良苦，只為了留下兒女婚後仍願與父母同住。

兩位當上婆婆的女同學異口同聲說：最高興媳婦回娘家，或出遊，因為沒有做飯菜的壓力，看來仍然心存罣礙。往昔媳婆難處，今日婆媳好處，三十年前後有如此大的銳變，是現代人始料未及的，以上所談不能一概而論，只是心中的感想而已。

寫於二〇一四、四、七

155 感時花濺淚

杜甫．春望：「國破山河在，城春草木深。感時花濺淚，恨別鳥驚心。烽火連三月，家書抵萬金。白頭搔更短，渾欲不勝簪。」引用詩中「感時花濺淚」：意指人感傷時，看著繁華春花，也不禁傷心落淚。此乃「境由心轉」，即人的心情影響週遭的景物，世人皆然。

最近看到一些熟識的親友離開人世，雖然是人生的必然，但內心感傷油然而起，只因為認識他們，那不捨的心情，影響到所見、所想，產生的悲情，的確在短時間是很難釋懷。生命雖不能以長短認定價值，但現在的人活不到一甲子，在目前高齡化社會中，都太年輕，根據內政部統計民國一〇一年國人的平均壽命達79.51歲，比五十年前的年代要延長二、三十歲，如今老人已高齡化，八、九十歲的人，看不出實際年齡，這就是現代人已年輕化，要歸功於人人重視養生加上現代醫療科技進步之賜。

人生自古誰無死，留取丹青照汗青。像文天祥永留千史，又有幾人？凡人的一生來到人間，能灑脫走一回，留下好名聲死而無憾！《尚書・洪範》所談五福：一曰：壽，二曰：富，三曰：康寧，四曰：攸好德，五曰：考終命。走完人生能無病無痛，熟睡安詳而逝的人，才是善終。

寫於二〇一四、四、一〇

156 同學情深義長

人的一生從七、八歲上小學，到大學畢業，將近二十年的求學生活，不同年齡、不同學校，有不同的同學，小學六年是純真的少年期，初、高中六年是青少年期，同學交往感情比較不穩定。十八歲上大學，進到青年期，此時思想逐漸成熟，有獨立思考能力，結識的同學，可能將是您一生最好的朋友，在事業上、職場上、愛情婚姻上都是最好的伙伴。今日男、女生都有機會成為軍人，這是比往昔同學生活更為緊密關係的人，無疑是軍旅生涯建立比同學更深厚的友誼。過去男生服兵役，結交的伙伴，都成為一生中最珍貴的朋友，因為同甘苦、共患難，一起出操打野外。這對就讀軍校四年大學的我們，同學感情當如是。

民國五十三年九月，我們來自全國不同學校的高中畢業生，近三百餘人，一起在北投復興崗，接受為期十二週極嚴格的入伍教育，而後又有四年完整的大學分科教育，朝夕生活在一起，建立了比一般大學更深厚的革命情感，如今民國一〇三年的九月將屆，同學會通過建議案：「人人撰寫小傳」，談往昔學生時代共同的回憶、軍旅生活、談大家如今退休生活、旅遊、養生等話題，兩個多月來，已有四十多位同學響應為文，身為資訊負責人，樂以先睹為快，陸續於同學 blog 中發表，大家分享五十年來的生活感想，我發現許多同學重情感，在生死路上有情有義，這是值得欣喜、值得表揚、值得驕傲的。

每人在不同的求學階段，很容易結交志趣相投的朋友，認識朋友容易，成為知交就不容易，古人說：「人生能得一、二知己死而無憾！」此謂「知己」者，是在生死攸關下，肯為您犧牲一切，甚至於生命都在所不惜的人，這種患難之交談何容易。真正的朋友是：「您最需要他的時候能陪伴在您身旁」。您說是嗎？

寫於二〇一四、四、一二

157 再談同學情

其實人的一生中，在不同學習過程，就有機會認識許多不同的同學（朋友），有形的學校教育從小學、國中、高中、大學、研究所到博士班，軍校畢業後，初級班、高級班（正規班）、指參教育的研究班、各軍種學院、研究所、戰爭學院，通過進修深造，這些不同階段的同學很多，指不勝屈，仔細思量，如果不是有因緣的同學聚會，至今仍經常見面連絡有多少？

離開學校後，很難再有同學情緣，約十幾年前，臺北各社區紛紛成立社區大學，不限學歷年齡、不分男女老幼，這種同學是很特殊的族群，各行各業、年紀相差較大，因為追求共同的興趣，志同道合，容易交往。近些年來，各市區里民活動中心，由市政府補助經費，成立樂齡老人社區大學（長青大學），增加許多課程，有動態、靜態，逾六十歲以上有優惠（半年一千兩百元學費），這麼便宜的學習，您都可以選修，不同課程有不一樣的族群，無形中寬廣同學人脈，但各種課程總是出現女多於男現象，可見女性有較多的學習意願。

俗話說：「沒有利害關係的朋友容易交往」。長官部屬、老闆員工、老師學生，因有對應關係，相對有利益；只有同學是平行關係。年紀愈大者，愈不易交到朋友，彼此的執著很難放下身段。所謂的老友，大都是年輕時就一直有來往的，就像老健老本老伴一樣，都是要經營累積。除了學生時代老同學友情長存，上社區大學認識的同學，可是退休後最好的朋友選擇。近十多年來個人參加社大的學習，在「心靈哲學班」因師生互動良好，如今每月聚餐維繫，十二年來如此。參加舞蹈學習，認識志趣相投的友人，經常歡樂歌舞。帶給了生活多采，讓退休後的人生更忙碌。我認識許多朋友都是樂忙的人生，因為追求愉悅的生活。您有嗎？

二〇一四、四、一七

158 家族聚會──談蘇氏家族

感謝高雄采琴表妹的安排，此次家族順利在臺南六甲老家舉行，時間是配合小阿姨從澳洲回來省親，我們遠從臺北南下，參加外祖父蘇家大家族的聚會，很難得看到蘇家延續到第五代。從家譜上看到第二代有十一人、第三代我們表兄弟們就有四十四人、第四代加倍成長，第五代到目前都有四人。全部有上百人以上，今天的聚會將近有六十人，在外祖父老家席開六桌，非常熱鬧。小阿姨代表講話，希望每年舉辦她都會趕回來，大家熱烈掌聲通過。

外祖父享壽九十三、外祖母八十六都是高壽，民前十幾年生，早年是六甲唯一以打鐵為業，如今百年老店仍營業，近月前非凡電視臺專集報導。高齡八十一歲的三舅仍然可以熟練操作，如今由大學畢業的孫子接手傳謅，總算有人延續家業。母親是外祖父長女，我有六位舅舅五位阿姨（大舅是領養），因此我與姐姐成為眾多表弟妹的大表姐、大表哥，論年齡、輩份都很高，我五舅與姐姐同年、四姨與我同年、六舅與小阿姨都比我們小，外祖母當年四十七歲高齡生了最小的阿姨。記得我們從小回到母親娘家，倍受外祖父母、諸多舅姨的寵愛。大家庭吃飯要分三批，可見當時人多人氣旺。如今只剩三舅、六舅、四姨、小阿姨健在，二、三、四、五、六舅媽都健在，印證現今女性壽命比男性長。最高興的是我與姐姐，眾多舅媽都可以喊出我們小名，憶起半世紀的年輕歲月，小時候搭客運到六甲，乘三輪車說打鐵店無人不知。

很難得的因緣，我們得以住在官田區國立臺南藝術大學招待所一宿，享受蟲鳴鳥叫的鄉村度假生活，短暫的一天半相聚，年輕人為大家健立蘇氏家族親戚族群，已多達二十六人，從 Line 連絡可以增加而後熟識與連繫，身為蘇家女兒的我們，與有榮焉成為蘇氏家族的一員，願大家長相聚！長相憶！

寫於二〇一四、四、二一 晨

PS：照片與影片可在行腳 Blog 相本中點閱。

159 我與資訊緣

大約六、七年前我初學電腦，首先設立電子信箱，開始與好友相互 E-mail，約五年前成立部落格，在好友華陽居士協助指導下，分別在 Yahoo 開設健群幽默小品及健群歲月行腳，二〇一三年底雅虎關閉部落格，隨後搬家轉移到中華電訊隨意窩。幽默小品目前以我生活隨筆有感為主，歲月行腳則轉貼網路好文章、養生保健、生活照片等，二〇一二年底接任十四期同學資訊長為期兩年，又成立57復興崗部落格，以同學會務活動、生日慶生、婚喪喜宴、旅遊聚會、同學小傳為報導主題，為避免爭論，政治議題儘量不涉及。每天忙著信箱及部落格要花上七、八小時，樂此不疲，不亦樂乎。

資訊日新月異，電腦功能已進步到由智慧型手機可以替代，從幾千元到數萬元，有聲控操作。目前年輕人，人手一機，到處所見低頭族，反而一些銀髮族排斥新科技，生活資訊不足，影響終身學習。有感從網路可以吸收更多知識，常鼓勵同學現在起步仍不嫌晚，這是一個網路化時代，生活上不可或缺的東西——資訊。每天從資訊中分享好文圖是最大的享受。

聽說年輕人已不使用 blog，如今通用 Facebook 及 Line 可以取而代之，全球資訊無遠弗屆，看來仍在 blog 上打轉的人，有朝一日會被淘汰，但我仍然喜歡有屬於自己的空間，隨興存照片、寫寫文章分享好友。時代在變。潮流在變，隨緣也要變，您說是嗎？

二〇一四、四、二三

160 談隔代教養

以旁觀者清的立場，談社會現象：「隔代教養」產生的利弊，只是個人觀感，個人淺見，對未當上爺爺的我，立場是很超然的，內人同我一致認為，下一代的子女，理應由身為子女父母教養，明白地說：我們將來不會替子女照顧其子女。為的免於失去旅遊的自由、也為了避免管教上的落差，這是許多人目前面對的問題。

「含貽弄孫」是中國人的傳統，形容老人生活的樂趣。但如果有一天，孫子成為您們生活的負擔，成為心中的罣礙，我認為是您造成的。我是來自於周遭親友所見有感：每月參加臺大退聯會一日遊，發現過去每回都參加而且很會唱歌的吳教授夫妻檔，這二、三年都缺席，原來是為子女帶子女，一些朋友不能出門，隔夜的旅遊活動，也因為要接送孫子上下學、出國數天或十多天的旅遊更是離不開，這些例子證明，如果您為子女帶小孩，您就失去老年人的自由。這還是小小的犧牲，嚴重的是教與養。年齡超過一甲子，生活習慣、起居作息、飲食口味、思維想法都在在影響到教育與養育，如果說相差五歲就有代溝，請問超過六十歲的代溝有多深，難怪您對孫子的管教，子女有意見、有歧見，不認同，往往為此常爭執，間接影響親情，真是得不償失。

爺爺奶奶通常疼孫有加，管教、養育上溺愛或順從孫子女的要求，造成第二代管教上的困擾，雙重標準也讓他們無所適從，或多或少的偏袒都是日後子女怨言的理由，隔代教養出現的問題如上所談，只是掛一漏萬。天下事都是相對，利弊得失亦然，為子女帶子女，除了減輕子女經濟上的負擔，又可含飴弄孫、增添樂趣、排除老人寂寞等，但失去的時間、自由那是金錢買不回的，我認為孫子可以回來讓您看看，但您不必天天要看他，歲月逝去的是您的體力，力不從心時，什麼事情都不由己，聰明的人不要以「歡喜做，甘願受」來自我安慰。做多了您多少是有怨言的。您以為呢？

二〇一四、四、二六

161 憶照片的今昔

科技進步，生活週遭事物，日新月異，就以照相為例，如今數位化已取代傳統裝底片的相機，這是近幾年來的一大革新，生產軟片的幾家大公司如柯達、富士不得不轉型量產或停產，現在市面上底片難求，幾年後需求少，想買都難，除了一些專業攝影者仍然使用外，對新一代的年輕人，膠卷軟片恐怕將成為歷史。這是另類的產業革命吧！

約四、五十年代照相難求，照像機奢侈昂貴，一般人很少照相，父親於民國三十六年留下一張四個人的全家福，當年姐姐六歲而我三歲，這是一張逾六十七年的照片，很珍貴。之後於民國38、41、48、49、52年，每年春節都拍全家福，父親與照像館攝影師有約，專程來到警察宿舍家裡拍照，那是大型照相機有腳架，矇上黑布，閃燈拍照，當年記憶尤深。能留下珍貴的黑白照片，要感謝父親當年的用心，如今照相太方便，數位相機、手機，隨時取景立即傳送，享受當下美好回憶，太方便反而不加珍惜。

現在相片都放在電腦或隨身碟，儲存攜帶方便，很少沖洗，昔日累積太多照片存在相簿，反而佔空間，去年參加貴州黃菓樹之旅，同行一對夫婦不拍照，原因是家中推滿昔日照片，將來會讓子女很難處理，這個理由很牽強，我想他們不會使用電腦是主因，雲端可以有無限空間讓您免費存放。我喜歡拍照也喜歡留下回憶，至今家裡堆滿幾十本相冊，雖不常翻閱，但偶而回憶是很美的享受，在電腦存了數千張，如未分類管理，亦難搜尋。一趟旅遊留下數百張照片，以時間、地點寫下生活日誌，留下永恆。科技帶來文明，改變生活上許多習性，您不接受它都難。

二〇一四、四、二九

162 理性的愛國遊行

二〇一四年四月廿一日舉行促進中華民族和平統一政治國體聯會例行會識，我全統會會長、祕書長應邀參加，會中由新黨郁主席提議今年五月四日，為新五四愛國運動。因最近立法院及街頭亂象，要撥亂反正。凡認同中華民國者，不分黨派、不分顏色、不分年齡，大家都要站出來發聲，已申請凱格蘭大道廣場，是日下午二點到六點，希望大家召集老、中、青三代共襄盛會。並透過媒體廣為宣導。此案由主席許歷農先生、輪值召集人郭俊次先生及全體與會政治團體負責人熱烈掌聲通過。

最近一、二個月來，看到少部分人士及學生，為反服貿強占立法院，為反核四興建、勞工為爭取更多福利，走向街頭抗爭，政府動員多少警力，浪費多少資源，股票下滑，經濟衰退，耗損國家公帑。都是過度自由民主，政府無能，公權力不張產生的後果，大多數沉默的善良百姓，要站出來發出正義之聲。此次訴求以：「為民主要法治」、「為臺灣要和平」為活動主軸，國家要安全、社會要安定、人民要安康，並以白色正義，要法治、要民主、反暴力為共同理念。我全統會由王會長、謝副會長召集下動員與會，在凱道廣場，聽到的是和平的呼喚，看到的是理性的遊行，沒有抗爭，是守法治、是民主最好的示範。

臺灣沒有資源，除了農業生產外，一切原料靠外來，發展科技產業靠電子技術，如果產業不與國際接軌，就沒有競爭力，一些為個人政治利益，為反執政者而一切都反對的人，昧著良心做事，相信有智慧、有良知、有良能的人，終會看清他們真面目。我參與此次愛國活動，看到參與者都很愛國，也熱愛中華民國。是最理性最和平的一場群眾活動。

二〇一四、五、五

163 飲食與健康

健康與生命的長短，是來自於先天的基因遺傳及後天個人保健養生，而後者保健與養生，與生活習性及飲食習慣有很大的關係。與友人聊天，他以汽車比喻，先天的基因，如同一部進口的 BMW 或賓士車，車身堅固、引擎好、零件好、性能好，比國產車條件要好許多，但車子使用壽命的長短，卻要依賴後天的保養與維護，再好的車子如不定期保養維護，就好比人的基因遺傳再好，健康出現問題，生命就沒保障。好的身體是與後天保健養生息息相關，而良好的生活習性及飲食有節，都是重要因素。

與友人用餐，不吃青菜，他不相信餐館的青菜能將農藥洗滌乾淨，這是選擇不吃到農藥的根本方法。我這些年來，堅持不吃油炸的食物，因為知道回鍋油會傷害心血管，這也是避免不健康食品污染五臟六腑的根本之道。不好的生活習性，過度的煙酒、喜吃辛辣或速食垃圾食品，夜店熬夜等等不良作息，過度暴飲暴食，都直接間接傷害身、心、靈的保健。古人云：「病從口入」。是也！

許多食物過度烹調產生毒素，如肉類燒烤產生致癌物質，過度甜鹼食物產生內臟疾病，如膽固醇、高血壓、糖尿病、與飲食不當有關，人人貪求口腹之欲，才是不健康的根源。然而這些道理都是知易行難。人人知所以然，卻難於身體力行。可見飲食與健康是密不可分。有人說長壽的祕訣之一：「少吃」。美食當前您克制了自己，就ok！

寫於二〇一四、五、八

164 迎向嶄新的每一天

每天早起，分別啓開電腦及智慧型手機，看到友人傳來的信息，必先溜覽一遍，分享心靈響宴的喜悅。資訊是來自不同管道，心中仍是懷著感恩，雖然許多重覆，但溫故知新，當是自我終身學習。從網路中，獲得的知性、感性、知識、常識都是智慧的增進，對一些不使用網際網路的朋友們，就缺少這塊學習的空間。個人先後成立兩個部落格，這兩年又身兼十四期資訊長，「57復興崗 blog」，成為同學互動平臺，每天要點閱多次，讓我忙得不亦樂乎！使用智慧型手機後，也成為低頭一族，在公車上、在捷運上是最好伴讀的時刻。

才兩三年時光，電子書 ipad 已遍及老、中、青及孩童，多種功能，可取代電腦、相機及手機。但智慧型手機攜帶更為方便，功能更寬廣，Line 傳訊快速，帶給大家互通信息的便捷，也成為朋友互動的最佳工具。生活上幾乎少不了它。每天接觸在資訊網路中，看到新的事事物物，有人情風土、旅遊勝地介紹，有養生保健、醫學常識新知，有修心養性、宗教禪修，幽默人生，含蓋人文、地理、藝術、體育、史實、科技等等學術講座，不斷吸收新知得到樂趣。迎向新的每一天。

動態的舞蹈學習每週有三個時段，早晚的戶外健走，每天有兩三小時，舒展身心動靜兼顧，每週有忙不完的活動，都要記錄在行事曆上，以免衝突或遺忘，退休後的時間，反而身不由主。才知道時間管理的重要，「迎向每一天，樂活當下」應當是七十歲以後的人生，必修學分。願與好友共勉！

二〇一四、五、一一　母親節

165 相識的機緣

人與人的相見就是緣，有緣千里來相會，無緣對面不相識。說來人生在世都是隨緣而聚，隨緣而散，緣來時不拒，緣去時隨緣，要把握當下的因緣並珍惜，尤其人的緣起緣續或分手之後的緣滅，何嘗不是如此。其實說來人生的相識，是很奇妙的因緣。佛家說：「隨緣不變，不變隨緣」。不變即是無所住，隨緣即是生其心。

約半個月前，好友林先生打電話要我介紹會書法的朋友，我就地緣介紹鴻保同學，請他主動連繫，後來因為沒有現成的文房四寶，才轉而介紹擅於書畫的鳳珠大嫂，就是這樣的機緣，林先生伉儷親自造訪代春府上，鳳珠嫂熱忱代勞揮毫，順利完成任務。日前林先生伉儷從大陸回來，即電謝並請我安排今天的聚會。我與元俊老弟過去常與林先生見面，中午的餐會都是座上客。一行六人先參觀位於汐止綠野山坡的林家，四層透天厝，全部佔地二百坪豪宅，由男主人為我們逐層介紹，打開洋臺視野好，可遠眺臺北一〇一大樓，屋內有藏書、字畫、照片無數，尤其林先生伉儷於二〇一二年六月在美國國會山莊金色大廳受頒世界和平獎，是一項殊榮。

因為題字的因緣和合，我兩位好同學得識林竹松夫婦，大家談來一見如故，幾個小時的相聚，建立的友誼很是珍貴，鴻保同學特以姓名及勳爵士題詩相贈。

166 使用 Line 有感

資訊日新月異，突飛猛進，這半年來，人手一機（智慧型手機），不僅可以輕鬆分享照片、影片&語音訊息，在動態消息上可以提供您利用文字、照片、影片、貼圖與好友分享近況，或是瞭解好友的最新消息。去年底二〇一三年十一月廿五日，電視上公佈全球使用 Line 人數突破三億。二〇一四年四月二日，使用人數突破四億。這種驚人的成長，可以預期年底逾五億人使用是有可能的。

有感於四、五十年代家用電話不普遍，最好又最快的資訊是拍電報，要花上幾小時，經郵電士騎摩車送府，如今的宅急便是送物品，含（冷凍食品）。經過數十年後的今天，從資訊傳真，進步到視訊影音，行動電話隨時可以聊天談話，通訊已遠至全球各地，這種無遠弗居（沒有什麼是遠而不能到達）的資訊，我們都親眼見證。許多不可能的事變成可能，就像今天水陸兩用大型巴士已問世，有朝一天汽車可以飛上天，都是可能的神奇。

Line的方便是快速、便捷，透過手機，取代電腦上的許多功能，傳E-mail、拍照片、看信息、上Facebook、寫筆記、設訂鬧鐘、錄影音、看影片、玩遊戲、將好的資訊上傳分享，等等無數功能，難怪小孩喜歡，年輕人不離身、老年人亦入迷，它成為生活的必需品。話說回來，不用的人可以找許多理由拒絕，如老花、眼力不好、幅射太強有害健康、上網電話費太貴，某些人的執著，失去許多學習機會，未嘗不是生活上一大損失。

二〇一四、五、一六

167　參加詩歌朗誦有感

憶民國六十七年在學校服務，負責辦理學生社團業務，有三個社團經常參加北區大專院校與救國團合辦的比賽，其中有詩歌朗誦隊、奧瑞崗辯論隊、復興崗合唱團，復興崗代表隊，由社團指導老師帶隊比賽，往往是冠亞軍，印象中連續好幾年都是保持紀錄殊榮。當年北區大專院校任何社團比賽，政戰學校很少缺席，我因督導社團業務，經常也隨隊參與，給學生們加油打氣，每次冠軍獎杯（錦旗獎牌）都安排於全校週會時呈送校長，並存放校史館，如今都有紀錄可查。

將近四十年後，我以臺北佛光山教師分會成員，參加星雲大師（詩歌人間朗誦觀摩初賽，北二區有七個分會組成，預計男女三十員，我們以星雲大師所寫：「廣結善緣祈願文」為朗誦主題，經過七次集中練習（每次兩小時），因常有人缺席，總難到齊，幾位督導及指導老師，多次研究，有男女高低音獨唱、高低音合唱、輪誦、疊誦、滾誦、國臺語加上部分有手勢，訓練倍極辛苦。我看到每人信心滿滿，志在必得，五月十七日下午六點前，二十個參賽單位全都完成報到，有遠從花蓮、宜蘭組隊前來，個個都是有備而來，都是強中高手，經過兩小時的輪流演出，激情加上熱情，評分計算，由十五位評審法師佔七十%，加上參賽者評分佔三十%合計分數，非常公正、公開、公平，最後評定出前三名。

成績出爐，我們未入選前三名，大家有些落寞，有些失望，但我知道召集人及幾位督導很安慰，因為大家都全力以赴，盡了心力。話說回來，不必為複賽、決賽而帶來精神上的壓力，畢竟比賽前是要花許多時間去練習，所謂臺上五分鐘，臺下很費功，在人生舞臺上，我有機會參與詩歌朗誦，值得回憶。

寫於二〇一四、五、一八

168 牙齒保健

一向認為牙齒保健很好的自己，初次體會到牙疼的難受，這兩天半夜為牙疼驚醒，躺坐都不適，第三天缺席舞課，回到固定的牙醫診所看診，經X光照射，確定是大二臼齒神經痛引起，斧底抽薪，大夫說：做管道治療（抽取神經）。我問後遺症如何？牙齒沒有血液循環，容易鈣化鬆動、萎縮脫落，必要將來要做牙套維護。

談到牙齒保健，要提到四十年前，在母校服務，時任中隊長的邱義鴻（十期）學長是我的貴人（我時任訓導員），他灌輸我飯後十分鐘內要清潔牙齒的重要，就這樣養成餐後勤刷牙的好習慣，四十年過後，我保持一口好牙，如今除了兩個裝上牙套，從未受到牙齒疼痛所苦，俗說七十歲之齡仍有一口好牙，健康長壽必加分，希望有此福份。

尤記得二、三十年前，要免費到三軍總院洗牙，至少預約二至三個月，當年沒有健保，能爭取免費就不須自費花錢，近十年來實施健保，半年定期洗牙，人人都能得到最好的照顧，牙醫行業成為最夯行業，每人三十二顆牙，年老必敗損，無怪牙醫從早忙到晚，生意好，忙賺錢，也沒得休閒。醫療已進步可以植牙再生，雖然每顆至少八萬元，全部植牙要花上百萬元，同學中就有之，我們聊以安慰，省了好多錢，又不必受罪。我仍要呼籲：牙齒健康很重要，好牙消化好、營養吸收好、這是良性互動的最好說明。

二〇一四、五、二

169 孤寂的老人

年紀大，孤單又寂寞是很悲哀，還好他很健康。我描述一位老人此刻的心情。他是張老先生，今年八十有八，民國三十九年最後一批由舟山群島隨軍撤退來臺的雇員，江蘇人，家鄉離上海幾百浬路，他說從小不愛讀書，是標準文盲，至今姓名都不會寫。

他告訴我，老伴七十四歲，今年春節過世，一生陪他吃苦，未享受清福，說來可憐又辛酸，如今一人在家很怕孤寂，每天到芝山岩（陽明醫院附近），除了健走就是躺在一涼亭，不必面對冷清的屋子，兒子結婚住在附近一座四摟公寓，七十三年他以二三〇萬貸款買下，三十年後的今天，市價已高達三千多萬元，因上下摟不便，平時都懶得前往，有三個女兒，除小女結婚又離婚獨居外，大、二女兒未婚目前同住，他們都上班，早出晚歸，白天只剩他一人，中午隨便吃個便當，晚餐女兒為他準備，如今靠每月一萬多元榮民補助金，尚能夠維持生活開銷。說來成家已不易，如今不動產兩棟，都很值錢。

二、三十年來在營區附近，開一家庭理髮店，我是常客，聊談成為打招呼的朋友，去年老舊的眷村收回後，他分配到市值逾三千萬以上的懷德新村，不必為理髮維生，老伴一走，倍嚐孤苦無依，幸有女兒伴陪，他一生心腸好、能吃苦，隻身白手起家，在營區學會一技之長，理髮成為吃飯的行業，成就一生的幸福，一個不識字的老兵，能獨立自主，養一家六口，如今子女有成，值得安慰！失去老伴，精神無所依靠，加上耳背，沒有聊天的朋友，不識字沒有閱讀的能力，身心靈感到落寞，我很同情他，寫出他此刻心情，如果他有宗教信仰，可以提昇心靈，晚年就不會那麼孤寂。

二〇一四、五、一三

170 我寫隨筆有感的因緣

憶民國六十二年調回母校復興崗服務，因擔任隊職，有較多的時間，曾提筆寫了小品文，前後在中央日報副刊投稿七篇，僥倖刊登四篇，倍增我對對寫作的信心，民國六十三年到六十四年還應邀參加中副作者聯誼茶會。連續多年都收到邀請函，因曾陸續寫了幾篇遭退稿，無顏再參加聯誼會，六十四年婚後，公私兩忙，無心寫作。倒是寫了三十年的日記，退休後才停筆。如今翻閱日記，生活歷歷在目，仿佛如昨。

退休後，喜歡閱讀，平時有作筆記習慣，偶而應邀演講，留存許多資料，六年前學用電腦，三年前成立部落格，除了轉載網路上益智好文，po上生活活動照片，也開始po上自己的隨筆文章，自我解嘲説，寫的文章不會遭退稿，二年前自我要求，每週寫一篇生活所見、所聞、所思、有所文章，得到許多友人嘉許好評，近年來加快寫作，每週兩篇，預期兩百篇完成後，集結成冊，書名暫訂：「健群小品」副標題是生活隨筆。如能趕上今年九月十四日同學入伍五十週年會議上，贈送分享，則免郵寄之勞。

一向鼓勵最多且每篇必讀的好友錦璋兄，年前已託請為序，最近陸續彙整以 doc 檔傳送審稿，尚有許多前輩好友，如全統會王會長化榛先生；陳將軍定中先生，將分別請他們代勞寫幾句鼓勵的話。退休後，曾以「潛意識的力量」為題，做過多次專題演講，深信凡事心想事成的道理，只要起而行，終必有成。願拙作小品能預期出版，除贈十四期同學，另將分送我好友及平時常 E-mail 的朋友，先行預知，期早日兑現。

二〇一四、五、二五

171　有智慧就可以做出明快的抉擇

我喜歡掛在嘴上的一句禪語：「慈悲沒有敵人；智慧不起煩惱。」反過來說，您對事與物都能以慈悲心對待，就不會樹立敵人；您遇事起執著，就缺乏智慧，因煩惱起於無明。這是佛學常引用的話語。

平心而論，人生面臨許多的抉擇，讓您無所適從，這個時候，您會向您的長輩、老師、親友請益，尋求選擇，身體健康有問題，找醫生求診，心理健康有問題，找心理醫師諮商，前者成為一般人的認知，後者在當今社會慢慢被接受，心理的問題求助於宗教是最好的寄託，在國外從出生，父母親就帶領受洗，一生信仰宗教，身心靈時刻受到祈福。這是國人所缺少的。

友人傳來不猶豫與不後悔一文，道出一位哲學家的心聲，我轉po於行腳blog分享更多友人，特別引用如下語意，提供深思。

如果一個親人或是朋友跟你求救，而你有能力幫助，卻沒有伸出援手，可能你會後悔終生，父母親還在世的時候，要多多關心和照顧，才不會遺憾終生。

如果將人生一分為二，前半段的人生哲學是「不猶豫」，後半段的人生哲學是「不後悔」。

人若在面臨抉擇而無法取捨的時候，應該選擇自己尚未經驗過的那一個。

要在當下立刻做緊急處理，有些事是急不得有些事是慢不得。

172 見證生命的延續——談香蕉

芝山公園環山步道，靠聖山里里民活動中心旁，有塊空地，載種香蕉，結蕉成串，果實纍纍，幾株小香蕉樹已有一公尺高，它們將取代即將結束生命，完成生產的香蕉樹。有採蕉二次的經驗，才知道一株香蕉樹，約成長一年，只結一串果實，採果前將整株香蕉鉅斷或砍斷，方便採取果實（香蕉）。

約十年前，我與光華兄隨鄰居朝國老弟，來到宜蘭三星鄉，他父親栽植整山坡的香蕉，我們驅車前往，帶了鉅子、砍刀，選好長滿果實的香蕉樹，整棵鉅斷，再將整串香蕉砍下，一串約有二、三十斤重，兩人合作才能搬到車上，穿著長袖長褲以免蚊蟲叮咬，有此經驗後，才體會到蕉農的辛苦，舉一反三，採果摘菜的農民都很辛苦，花錢在市場買現成的果菜，那能體會他們要勞心、勞力加上好體力的辛勞，才能收成。去年同學組團，開了三部車環島七日遊，來到嘉義農場，在萬昌、吉淵兩位同學的農場，再度參與採蕉，整串搬回，還要分割，都是粗活勞力的工作。這是生平兩次實地採蕉經驗。

香蕉是無性繁殖的果樹，結串成熟的同時，下一代已長約公尺高，生命的延續自然是生生不息，像竹子一樣，從少數竹子，日久變成竹林，像洄游的鮭魚，產卵之後就走向死亡，結束生命，萬事萬物都如此。人死就是往生，靈魂到另外一個世界，永遠要輪迴，要生滅。了解這是自然現象，當能置死生於度外，可是人人都怕老死，很難灑脫面對。唯有修行的高僧、得道的大德、及開悟的普薩，他們當可以了然。

二〇一四、五、三〇

173 粽飄香——姐弟情深

母親早逝，姐姐初中畢業後，為了照顧我們三個弟弟、三個妹妹，即棄再升學，代替母職，直到父親為要照顧弟妹尚年幼，才於民國五十二年續弦，我五十三年七月高中畢業，九月進軍校，姐姐那年結婚，嫁到在臺北，軍校四年的假日，常往埔成街姐夫家跑。姐姐從小照顧我們，姐弟情深，後來弟妹們成家都在臺北定居。亦時時受到教書的姐夫關心，他倆照應有加。

姐姐擅於家事，尤其做了一手好菜，最為拿手的麻油雞、滷蹄膀、豬腳、炒米粉及包粽子，都受到親友的讚賞有加，家裡兒女從小就最喜歡吃姑媽做的菜，如今逢年過節才有機會品嚐。今天姐姐帶領大妹二妹及小弟，花了一上午，四人通力合作，做好八十幾粒粽子，我與大弟坐享其成，各帶回二十個。特別請教如何製做的過程分享。姐姐、大妹、二妹都說了如何分工完成。

原來包粽子貴在事先前置準備工作，食材都慎選，要新鮮，為了健康、食安，用橄欖油炒過，粽葉浸泡逐片清洗很費工，吃慣南部粽，自然偏愛。問起有何不同?南部是將米及佐料先爆香熱炒入味，以粽葉包上後，用水煮約四十分鐘，北部粽是將食材煮熟，包好粽葉後再蒸熟。因食材的多樣化，決定價格的高低，一般較好的配料有香菇、梅花肉、花生、鹹蛋黃、栗子、蝦米、蘿蔔干、紅蔥頭等等，這些食材平均一個要花二十元，但市場起碼要售五十、六十元不等，貴在費時費工。為什麼在餐館用餐要貴許多，道理亦然，店面租金，加上師傅高薪，全都是消費者買單，附加價值是成本加工錢。

端節前夕，品嚐有媽媽味的南部粽，自己製做，講究衛生、健康，更有姐妹們親手調味的溫馨，特為文感謝分享。

二〇一四、五、三一

174 聆聽錢復先生的演講

成立三十三年的中華健康長壽早餐會，近十年來，每月第一個星期日，於天成飯店3F舉行，我於民國七十五年參加至今已有二十八年歷史，年紀雖不是老字輩，但資歷可賣老，（早餐會員平均年齡七十五歲以上）。近年來，余會長以他良好的人際關係，能邀請到名醫專題講座、名教授學術演講、退休的政治人物講座。這兩三個月，先後有陳履安先生、謝啓大女士、錢復先生蒞會，讓我們聆聽他們精采的人生閱歷，誠為難得。

錢復先生今年八十虛歲，看起來像七十來歲，他說拜醫學科技進步，人類將來可以正常活到一百二十五歲，老要活得健康，才能享受人生。他的養生哲學是要有健康的身心，才有愉快的的心情，享受美好人生；其次是按時起居，晚上最遲十時就寢，早上七時一定醒來，從來不知宵夜何物，早餐在八時前，吃得多且營養、中餐十二時半以前，要吃飽，晚餐吃得少，完全符合吃的健康法則。另運動不能少；第三是尋找喜樂，必能幸福。凡事順其自然，不要逆天行事。他說老天很公平，讀小學時身體差，每學期至少請病假一個半月，中年以後至今身體都很健康，目前每週打三、四場球，揮捍流汗很快樂。他津津樂道於一九六二年取得美國耶魯大學國際關係哲學博士，回國後從最基層公務員歷練起，十年後，於一九七二年經國先生要他擔任新聞局長，三年任期本著「分層負責，嚴密監督。」原則，深獲好評。一九八二年至一九八八年駐美代表，中美雖斷交，但爭取到美國國會議員的支持，是很成功的外交，因為他處事低調，才能贏得美國當局的信任。一九九〇年至一九九六年擔任外交部長，一九九二年至二〇〇五年任監察院長，這是地三十多年的公職生涯。現任國泰世華銀行董事，國泰慈善基金會董事長。他的家世背景，加上努力，才有如此傑出的表現，他強調「謀事在人，成事在天。」的處事哲學。相信只要努力，一分耕耘，一分收獲。最後他以「努力工作的態度，創造幸福的人生。」做為結語。

附記：錢復與中華民國前副總統陳誠之子陳履安（曾任國防部長及監察院長）、前中華民國內政部長連震東之子連戰（曾任中華民國副總統及中國國民黨主席）和前中華民國農村復興聯合委員會主委沈宗瀚之子沈君山（前清華大學校長）並稱政壇「四公子」。

175 有關健康的好觀念

「人在高興時，細胞很圓潤，就像十八歲的年輕人；人在生氣時，細胞就像八十歲的老頭，皺皺縮縮的！」（癌細胞就是扭扭曲曲皺皺縮縮的，五穀雜糧加蔬菜、運動（氧）加樂觀，即可將癌消滅。回成正常圓潤的細胞）。人生氣時，體內產生毒素，先傷內臟循環系統，母親生氣哺乳時，奶水是有毒的，直接傷害孩子的腸胃。當年印順大師曾舉例：一外交官夫人生下小孩後，天天與先生吵架，生氣時哺乳，小孩因胃腸問題，引起併發症而死亡，大夫證實小孩是被母親生氣，所產生的毒奶毒死，可見生氣時先傷害自己的身體。

以下舉兩例說明心情樂觀開朗的人可以治好癌症：

一、發生在英國倫敦的一對夫妻，兩人同時去做年度體檢，太太被告知得到乳癌，壽命只有一年，先生被告知得到攝護腺癌，同時有三條心臟主動脈血管阻塞了，壽命也只剩下一年，二人經過討論後決定什麼都不做，再也不要聽到西醫說什麼病了，他們在一張白紙上寫下在這一年中他們將完全的五十件事，於是他們賣掉僅有的住家，拿了錢去做環遊世界的旅行，因為這是他們第一件想要做的事，於是高興的起程，經過半年的各地旅遊後又再回到倫敦後因為身體感覺很好，於是再回到同一位醫師那去檢查，結果醫師驚訝的發現二人的癌症已經消失了，同時丈夫的動脈血管阻塞也好了，這個結果讓醫師都無法明了為什麼會這樣呢！（心情影響健康）

二、前中華開發金控董事長陳敏薰，在場演講中首度透露生活秘辛。陳敏薰說，多年前莫名其妙生了一場病，是一種癌症，連學醫的媽媽都認為絕望了，一剎那「什麼都帶不走」，改變了她的一生，讓她體會到簡單生活的可貴。她認為：

金也空，銀也空，死後何曾在手中。
妻也空，子也空，黃泉路上不相逢。
田也空，地也空，換過多少主人翁。
名也空，利也空，轉眼荒郊土一封。

這些金錢、名利、地位，都是過眼雲煙。不必強求，因此，人可以沒有名利、沒有金錢，但必須擁有健康的身體。一份美好的心情。

你要是心情愉快，健康就會常在；

你要是心境開朗，眼前就會一片明亮；

你要是經常知足，你就會感到幸福；

你要是不計較名利，就會感到一切如意。

以上所談，很容易領會，從內心修養做起，每天自我省思，我做到多少？日日反思，相信名利、權勢都會愈來愈遠，當您退休後，一切放下，唯有健康常伴隨，才永保平安幸福。

ps：（部分文字摘自網路）2014.06.02 於端午

癌症的主因——超級中毒＋組織缺氧＋憂傷

就超級中毒而言，例如吃入含重金屬食品，因為重金屬太重，血液搬不動，就留在組織中，而細胞遇到入侵的外來物（重金屬），就會扭曲地團團圍住而形腫瘤（癌症）！

癌細胞就是扭扭曲曲皺皺縮縮的細胞，藉由

1. 樂觀：例如和志同道合登山隊登山大家談天說地嘻嘻哈哈。
2. 補氧：登山會喘氣且滿身流汗乃最佳的補氧及排毒運動，藉由灌氧，皺縮的細胞癌可像氣球打氧一樣，膨脹回來，成為正常細胞。
3. 偏素食：五穀雜糧加蔬菜可改成鹼性體質及排毒。即可將癌細胞變回成正常圓潤的細胞！

1. 咖哩（抗癌成份是：「薑黃素」）
2. 辣椒（抗癌成份是：「辣椒素」）
3. 薑（抗癌成份是：「薑油」）
4. 綠茶（抗癌成份是：「兒茶素」）
5. 大豆（抗癌成份是：「異黃酮」）
6. 蕃茄（抗癌成份是：「茄紅素」）
7. 葡萄（抗癌成份是：「白藜蘆醇」）
8. 大蒜（抗癌成份是：「硫化物」）
9. 高麗菜（抗癌成份是：「？」）
10. 花椰菜（抗癌成份是：「硫化物」）

176 談另類行業——舞師

什麼行業可以自娛、娛人、健身又賺錢？教舞的老師也。一般在公園、社區、活動中心常看到團體舞，以排舞、社交舞、元極舞等，雖有老師教學，但非本文所談的舞師。

將近十年，因學舞有機會到各地舞廳見識，聽到南拳北腿的話，不了解其意，經人解讀，才知道形容南部人，比較喜歡喝酒划拳，北部的人，比較擅長跳舞，當然不能一概而論，只是聽聽可也。

任何時間您到舞場（泛指地下舞廳），振耳的音樂、滿滿的舞客，一年四季，冷氣很強（人多），您會很不習慣。舞場有帶伴區、自由區，前者男女可以到自由區邀請舞伴，而自由區舞客就不許邀請帶伴區的舞客，這是舞廳裡的潛規則，入場隨俗，人人遵守。看到舞蹈老師幾個特點：1.約三、四十歲年紀。2.全身穿著緊身黑色衣褲。3.黑色亮光漆皮鞋。4.學舞女生年紀比老師要年長。以上描述是八、九不離十。在夜總會或在舞廳（有舞女伴舞座檯），看到的舞師、舞女，年紀更為懸殊，通常是女生年紀很大，男舞師很年輕又帥氣，男舞客年紀很大，伴舞小姐很年輕，見怪則不怪，只要肯花錢，有老師有舞女陪您，醉翁之意，不在酒。

談到舞師行業，我們羨慕之時，要看看他們要花錢學舞，取得教舞執照前，付出許多心血，在舞蹈界闖出名氣，這些辛苦之後，才能有機會賺錢，一對一的行情從十五分鐘、半小時、一小時計費，從數百元到一、二千元不等，這是十幾年來另類的行業之一，我所見所聞，描述一二，提供參考，行情好的舞師一天賺幾千元甚至萬元有之。形容自娛娛人、健身又賺錢不為過。

二〇一四、六、五

177 邂逅

生活中您有巧遇的經驗嗎？在台北不算太大的地方，您可能在搭乘公車時、在捷運車廂上、逛百貨商場、參加活動聚會、旅遊風景勝地或在行走街途中，不期而遇的是多年未見的老朋友，那份歡喜是特別興奮與喜悅的。

這兩三天，發生在我身上就有四次巧遇，記實分享：

其一、六月四日上午，誠心舞蹈班約好在○○舞場排舞，我趕下午三點一場出國說明會，友人告訴可搭307公車十幾分可達，過馬路先後看到兩班307經過，不願再等候，只好改搭捷運，在民權西路轉車遇到同遊的友人，早一分、晚一分、前一節、後一節車廂都會錯過，這是不約而同的巧合。

其二、六月五日午，朋友請吃飯，我陪友人從公館搭捷運，到台北車站轉乘，先在路線圖了解，很巧當我們在忠孝敦化站下車時，卻在人群中，發現另外朋友，一起前往耘坊私房菜餐廳，免於尋覓之勞。

其三、六月六日在家附近蘭雅新城，同時來了兩部公車，一上車就遇到早餐會友人胡將軍，這種機率與巧合，不可思議。如搭另一公車，就擦身而過，在生活中，每天與您巧遇或迎面而過未見，肯定有之。

其四、六月六日上午約十時卅分，在石牌上捷運的同時，聽到有人喊我名字，原來是好友錦璋同學賢伉儷，他們一早搭車趕來台北探友，竟然在同一班捷運、同一節車廂相遇，錯過一班車、一節車廂都不可能相遇。彼此能不約而同，老天安排吧！

以上略述這三天發生的邂逅，其實人生就是因緣和合，要珍惜您今生與您相識、相聚、相遇的人，父母兄弟、姐妹、夫婦、長官部屬、師生關係、鄰里同學，都是有緣，今生今世，此時此地，讓我們相聚。在未來的人生道路上，還有新朋友加入您的生活中，要惜緣，要惜福。恩人、仇人都是生命不可或缺的貴人。

二〇一四、六、七

178 參加第十屆河洛文化研討會

河洛文化與閩南文化學術研討會於二〇一四年六月十一日—十二日兩天，在福建省廈門市召開，有來自大陸各省（福建、河南。江西、湖北。廣東、廣西，貴州）及台灣暨海外華僑代表、美國、香港、韓國、近二百人與會。台灣代表四十二位佔近五分之一，我有幸邀請王教授榮川同學結伴同行，共襄盛會。這懸我倆第一次參加。

十年來前後在兩岸召開十次河洛文化研討會，分別是2004.2006.2007.2008.2009.2010.2011.2012.及今年第十二屆（2014.06.12~13）河洛文化與閩南文化。這些年來，分別在河南洛陽、安陽、鄭州、台北、贛州、廈門等地舉行，健康長壽早餐會楊祥麟擔任博遠協會會長，九十三高齡還每年組團，並邀請我們參加，精神可佩。也因為他熱心的推動，促使早餐會員參加多達十七位，加上文聯會十三人總計三十人。

我不是專家更非學者，但本著學習，藉此可以認識更深入的中原文化、河洛文化與閩南文化。這些其實都是中國文化的脈胳。抱此種心情與會的人士應不只我一人。一天半聆聽與會專家學者的論文提報，加上分組座談的意見溝通，確實讓我進一步瞭解到，海峽兩岸人民及世界華人華僑對中華民族的認同。尤其是河洛文化與客家文化及閩南文化都有著息息相關密不可分的淵源。

會議總結是；如何把河洛文化的研究，同今現實密切聯繫起來，為實現偉大的中國夢結合起來。那麼中國文化將在本世紀大放異彩，普照世界，必將為期必不遠。

179 憶當年金門的苦日子

——參觀翟山坑道有感

四十四年前即（民國五十九年底—六十一年底）整整兩年時光，我隨××師駐防金門，當年單打雙不打的炮擊約定，兩岸都相互遵守。未婚的官、士、兵每半年有探親假，已婚的每三個月有探眷假，聊慰思鄉、思親苦。因交通不便，搭乘船艦多加三天，遇到颱風延誤船期，往往有額外的休假，一、二十天返臺的休假，成為大家的期待，人人都有此經驗。

當年金門水電不足，飲食大多取自井水，煮飯、洗衣加上洗澡，靠天吃飯，希望雨水不缺。用電以煤氣燈照明，好像回到落後的內陸地區，所幸一年後，金門本島可以有條件的供水、供電，冬天洗澡每三、五天花錢到澡堂才能享受熱水浴，平時趁陽光普照的正午，在井水旁沐浴，這是年輕時難得的體驗。民國六十年，金門為了儲蓄雨水，開始挖掘太湖，因駐地在太湖附近，每天看到成千上百的官兵，日以繼夜的施工，挖掘泥沙，將近一年完成，如今看到的太湖，成為金門觀光景點，附近的八二三戰史館及俞大維先生紀念館，旅遊必前往。

此次前往廈門參加學術研討會，旅行團安排小三通，我們在金門有一天半的旅遊，除了安排參觀成功坑道、馬山觀測站、山后民俗文化村、八二三戰史館、陳景蘭洋摟、金門總兵署、水頭僑居文化村等，特別一提是翟山坑道，當年船艦運補物資的重要港口坑道，如今已開放觀光，此坑道當年因應戰爭所需而開挖，耗時五年才完成，戰時供登陸小艇搶灘運補用，坑內並有停靠碼頭。翟山坑道內由人工穿鑿，工程雄偉婉美擎天廳；坑道外海浪澎湃，潮聲勢壯。於八十七年七月正式開放，並成立翟山坑道管理站，是不可錯過的觀光景點。想到軍事重地，如今成為觀光勝地，此一時也，彼一時也。

180 五星級飯店

——廈門國際大飯店

近些年來常到大陸，去年先後到四川九寨溝及貴州黃果樹旅遊，二〇一三年十月前往澳門參加兩岸論壇，今年三月底到北京、天津參訪，六月九日到廈門參加河洛文化學術研討會，特別要提到一般旅遊住宿，旅行社至多安排四星級，我們參加學術研討論壇，大陸方面會安排住在五星級飯店，且一人一間，新的建築是高樓大廈二、三十層，內有大型場地提供開會，Buffe供應三餐，設備的氣派，不輸臺灣，佔地寬廣，綠意盎然，視野遼闊，景色怡人。這是大都會地區很難有的條件。吃住加上開會都在酒店內，甚為方便。

住如此豪華的大酒店是生活上、物質上的享受，評選為五星級大酒店，要符合國際S.O.P標準，即套房要超過五百間以上、有室內游泳池、夜總會、酒吧俱樂部、健身房等設備，另有精緻美食buffe供應，隨心挑選，一再提醒少吃少喝，仍很難克制食欲，七、八分飽已是過量，吃完來杯咖啡，加上甜點，有舌尖幸福的感覺。我好奇地詢問服務生，一宿多少？一餐多少？前者約一千多元人民幣，後者約二百元人民幣，如此消費與臺灣所差無幾，但在大陸也有許多觀光客進住，可想他們經濟已大有進步，一載半年再度前往，您會驚嘆硬體建設進步的快速。

到過國外一些地方，五星級飯店較老舊，有歐風特色的古城堡，談不上現代化設備，倒是景色很美，如瑞士、奧地利、德、法、意、比地時鄉間，有古典優雅之美，日本的好山好水好溫泉都各有特色，大陸古城鎮如平遙古城值得一宿，土耳其、埃及、布拉格等都是古文化，以色列偏向現代化建築，退休二十年來旅遊不少地方，卻還有許多國家及許多風景勝地未前往，世界之大，一生一世又有誰能走過玩遍，當把握能走能動的體力，見識世界美景、品嚐美食，我想這是退休生活的一部分。年輕時忙於工作，體力好，可是沒閒沒錢，老天很作弄人，等到老年後，有錢有閒卻吃不動玩不動。我很欣賞一句話說：「找尋生命中的每一分鐘——活在當下」，並好好把握享受。您能做到嗎？

二〇一四、六、一九

181 生命中的貴人

生命中的貴人，是指在身邊隨時出現的每個人，他的言行舉止可以影響您，是好當然更好，是壞更是警惕的借鏡，也許是認識的朋友，或許是遇到困難時，適時助您一臂之力的陌生人。這是廣義解釋；一般說來，貴人大多數是您認識的長官、師長、親戚、友人、同學或同事。因為他們常與您相處，容易了解您的難處，有時候為您開示關懷，有時為您撫慰心靈，有時為您指點迷津，別人一句話，點醒夢中人，宗教的祈禱，說法開示，都是貴人相助，有形的物資相助，無形的精神鼓舞。或財務上、情感上、精神上提供支助、寶貴意見，為您舒解當下困境。

看到一篇好文章，讓好友分享，內心是喜悅的，感謝您經常傳來好文，讓我們彼此都成為許多人的貴人。這是我回覆，秀橘老師的一段話。初中畢業五十二年後才見面一次的老同學，我們竟然在 E-mail、在 blog 上成為常客，因為有初中同學的因緣。去年底從臺北高中同學蔡秀菊電話中，得知要舉行初中同學會，畢業五十二年來第一次辦理，地點是母校——麻豆曾文初中，我即連絡住在臺北的四、五位同學，相約赴南部與會。在臺灣只是南北幾百公里，居然分別五十幾年未見，這是不可思議的事，只因為缺少一線牽。

拜網際網路資訊之賜，同桌一席，互留信箱，半年多在 E-mail 分享許多益智好文，相互切磋，相互學習，共同勉勵，一起成長，對退休的朋友是最好的精神糧食。想到資訊的便捷，卻有許多人未能使用，生活中缺少這一塊資訊，誠為可惜我以為！

二〇一四、六、二一

182 再談生命中的貴人

寫完隨筆 179 之後，總覺不很完美，語有未盡，遂提筆再述，生命中的貴人。其實人的一生從小及長，求學過程中，父母兄弟姐妹、師長都是成長中不能忘記的貴人，到社會工作，您的上司、同事成為您每天面對的貴人，成家後，妻子兒女成為上進的動力的貴人，一般人認為有助益您的恩人才是貴人。其實不然，往往是一些傷害您、打擊您、刺激您、甚至是您的競爭對手，都有可能成為生命中不可或缺的另類貴人。以下是見證的幾個案例：

其一：當年師大畢業，分發到南部鄉下，任教初中的陳老師，因教學嚴格，幾位放牛班的學生，受不了老師功課施予的壓力，放話要威脅老師家人的安全，三番兩兩次傳話，陳老師與家人商議，為了身家安全，只好請辭赴美進修，修完碩士又繼續念完博士，回國後在某大學當了教授，回首坎坷求學路，要感謝當年這些學生的逼迫才有今天的成就。

其二：某位歌星成名後，問起能成功的原因，記知當年在夜總會駐唱時，受到老闆百般的刁難羞辱，憤而離開歌場，發奮努力，終於有成。某教授回憶如何進補習班，考上大學，因當年只是位送圖書的工人，某天送學校五樓教室，老師專用電梯不准使用，要他搬書走樓梯，心中受刺激，辭去工作，努力讀書，終於當上了教授，這都是激發轉念，才能功成名就的貴人。

其三：認識一友人，當年三十四歲離了婚，為擔心單親小孩子管教難，毅然辭去工作，帶著兩位小學剛畢業的孩子，隻身遠赴國外，前後十四年，等他們完成大學教育才返國，兒子沒學壞，都很上進，有了正當的職業，回頭想來，犧牲是值得的，感激受到創傷後，化悲痛為力量，該感謝前夫的移情，也要感謝再次的感情受到傷害，只有離開傷心地，最後創造一片藍天。

逆向思考後，生命中的貴人可能是刺激您，打擊您最多的人，也可能是您的仇人、負心人，看您以什麼角度有他。您一生一世、時時刻刻都會出現另類的貴人，以上舉例是最好說明。

183

談腳踏車

退休後有機會乘騎腳踏車，才發現許多人，假日常以自行車結伴旅遊。一則運動健身，二則是最好又便捷的交通工具。從前在南部，幾手人人學會騎車，因交通不便，幾公里路走路要花一小時，騎自行車要快四分之三，初中上學走了三年，每天來回要花一小時，高中有了自行車，只花十幾分鐘，都是同一所學校——麻豆曾文中學（初中部、高中部）。小學六年、初中三年，比台北的童年多走九年的路，應該是從小奠定健康的基礎吧！

在台北成長的人，因公車交通方便，平時沒機會騎自行車，大半人都不會，內人至今仍不會乘騎，倒是從小訓練兒女學會，大概心裡上有彌補作用。小孩上學，後來上班，乘騎機車是拜學會腳踏車基礎。可見環境可以影響生活的習性。這十年來，在台北幾乎腳踏車成為民眾最好的交通及運動工具，每逢假日，河濱公園的腳踏車專用道路，成群結隊，行走都要迴避，可見一斑。

目前我採買及趕捷運要乘腳踏車，前者可省提拿重物，如買米油醬及蔬果，後者由家徒步快走十分鐘，騎車只花幾分鐘到捷運，這都是自行車帶來生活上的方便。台北市這幾年一大福利之一，在捷運出口處或公園旁，提供美觀舒適的自行車，讓民眾乘騎，半小時免費，每小時十元，以悠悠卡刷卡即可，這是便民服務，許多人，老來不敢學騎一則反應遲，二則摔倒後果不堪，許多活動技巧還是要從小學會，一輩子受惠。有機會可以到知名腳踏車店，您不難發現，價格落差驚人，從幾千元、幾萬元到幾十萬元一台，增廣見聞，見怪不怪。

二〇一四、六、二五

184 顧此失彼談資訊網路

網際網路時代，直接影響許多人的生活，利弊得失是相對，大至政府機關、公司企業、股市銀行、每天離不了它，小至個人生活食衣住行都需要它。除非您不使用電腦、不用智慧型手機。如是，您是生活在現代最悠閒的人，此話一點不假，您省下許多時間，可以做您喜歡的事，如到處旅遊、爬山玩水。

無意間發現休閒概念館，不知何意？一探究竟，屋內陳設近百台電腦，半閉式透明隔間，冷氣暖氣開放，每小時收費二十元，二十四小時不打烊，除提供電腦使用，免費茶水、用餐付費，這麼舒適的環境，難怪吸引許多年輕人，他們可以耗上一整天。這是資訊的誘惑魅力，誰都不會否認。退休之後，近五、六年來才接觸電腦，為設立部落格，從一個 yahoo 信箱，增設三個（一部落格要有一個帳號）加上 Gmail 信箱，目前我使用四個信箱，三個部落格。每天花在電腦前超過七小時，當成我終身學習，樂在其中，不以為苦。花在電腦時間多，看電視時間相對減少。

資訊已須庾離不開生活，當您手機沒電或出門忘帶手機，您會感到手足無措，六神無主，可見依賴的程度。大家常以 E-mail 分享好文、以 Line 取代簡訊、以視訊聊天、、以部落格儲存喜愛的文章及生活照、以 Facebook 傳遞信息。我雖設有兩個 Fb，但只偶而溜覽，很少存入文圖，此乃本文所寫顧此失彼之意。每人每天二十四小時，看您生活的重心在那一部分，電腦資訊有太多區塊，不可能面面俱到，這也是寫本文的說明，大家喜歡 Fb 是有原因的，我不喜歡使用它也是有原因。

二〇一四、六、二六

185 舞蹈成果展

這十年來分別在士林長青大學、東湖活動中心、中山市場活動中心及士林公民會館學國標舞，未曾間斷，前四年與彭玉如老師學舞，目前只參加沈曉涵老師中山舞場及趙會長華淼同學士林公民會館舞課，每週三天，計有八小時課。六十歲以後，把舞課當成活動，不是劇烈的運動，卻是有益健康，最好的身心靈健身兼養生。

往昔參加彭老師學期末的成果發表會，印象中先後有兩次，都在國賓大飯店二樓宴會廳舉行，場地費每次六萬元，百餘人參加，舞會盛大，與會者要穿著舞衣，男士黑色西裝褲配上白襯衫打領結，女士穿著盛裝，拉丁舞、摩登舞不一樣服飾，人人打扮花枝招展，美艷動人，舞會都選在聖誕節前夕，有那分西方聖誕舞會的氣氛，另外一次在活動中心舉行，與會者加上來賓氣氛熱鬧，雖沒有國賓大飯店的氣派，卻節省場地費的支出，同樣喜氣洋洋，每當舞曲響起，人人約伴翩翩起舞，來賓都投以羡慕的眼神。用賞心悅目來形容不為過，如今留下照片及影片，難忘歲月留痕。這幾年跟隨沈老師學舞，先後有三次成果發表會，兩次在東湖活動中心，大家盛裝與會，果然熱鬧。此次在金鼎大舞廳舉行，分別有五位老師指導的舞班約有一、二百人，總計二十一個節目，花了將近四個多小時才結束，大家看到不同班級表演，有各種舞步如Rumba、Waltz、ChaCha、Tango、Salsa、Fox、Samba等節目，中間有自由舞會時間，大家熱絡登場。我們有四對同學，參加Rumba的表演。為了演出練了兩個多月，「臺上三分鐘，臺下要十年功」，古人之言，不無道理。憶往參加過成果表演有倫巴、恰恰、華爾滋、探戈、英式探戈，只是學會之後，過些時候很快會忘記。

為何老師都要求每半年或一年，舉行成果發表會，一方面是展示老師教舞心得，一方面激勵同學學舞士氣，就如同，學期結束要考試、要測驗，為了表演，自我練習會更認真，相信大家都有共同看法。要練好國際標準舞很難，只好以社交國際化自勉。

二〇一四、六、二八

186 喝咖啡聊是非

此語雖成為口頭禪，但朋友聊天確實離不開——說三道四，除非洽談公事、與人學術研討、商場談生意。在台北遇到老友，總是就近找到咖啡廳聊天，因應而生的咖啡店自然林立，就連 7-eleven 都搶商機，提供客人聊天的休息桌椅，方便賣您飲料、咖啡。

人人有好奇心，老朋友、老同學一見面，除了談別後近況，週遭的人事景物，無所不成話題，東家長李家短，談國家大事、政治人物、藍綠惡鬥，難免影響心情，只好聊八卦、風花雪月、說說有顏色的笑話，樂在其中。有孫子的人，常炫以 Line 炫耀照片，看他們滿足幸福的笑容，羨慕之餘，不忘讚美，博得大家開心，其實大家都瞭解，他們含貽弄孫，有苦亦有樂。

喝咖啡與喝茶都有咖啡因、兒茶素，常喝是會上癮，喝多了影響夜晚入眠，有的人喝了生理上沒有變化，體質加上心理因素都有關，前者是潛意識命令您大腦，只因您說了：喝咖啡、喝茶會睡不著這句話。應該說正向肯定的話，如改口說：我喝了它們照睡不誤，這會達到驚人效果，不信您可試試，印證潛意識的力量，不可思議。喝咖啡是西方外來文化，喝茶是中國古來文化，可怕的是這一代年青人已被西方文化影響，速食文化成為時代的寵兒，您有同感乎！

二〇一四、七、一

187 益生養命的規律生活

友人於午夜時分回覆我 E-mai。以下是我們的文字對話：

我問：怎午夜仍未就寢？我平時 22：30 前必上床，晨 05：00 後必起床，數十年如此，此生理時鐘成為習慣。

友答：你的生活習慣怎能這麼好，我想不透。我常被那些爛節目吸引住，邊罵又邊受吸引，睡不著也要開著它才慢慢睡著，電視自己演到天亮。

我回：在母校擔任隊職，十幾年朝夕與學生一起作息，從基層連隊長到班訓導主任，言行舉止要為學生表率，就養成自律加上規律的生活。

友答：這是很有良心的答案。所以我要找一個驅迫的力量。

天下事沒有絕對的幸與不幸，為了作表率你也約束自己，養成的習慣是老來益生養命的規律生活！

隨筆185就以他寫益生養命的規律生活為話題：

健康的身心是從小就要養成良好的生活習性，因為它可以影響您一生的健康。此話是否是有理？讓我提出一些感想。

許多人都說軍人身體好，年輕時經過嚴格的體能訓練，規律的起居作息，養成良好的生活習慣，練就一身好體格，之故，年老後仍保有強健的身體，我想這是生活環境直接影響身心最重要的原因，只答對了一半，退休後仍要持之以恆。另外；從小家庭教育塑造您的生活習性，也間接影響，這是不可否認，但前者是成年後受到工作，職業所感染不可抗拒的力量，如商人、官員、民意代表要應酬，煙酒不能少，夜生活的人如記者、夜店的舞女、午夜牛郎、酒廊小姐，都是日夜顛倒（晚上工作，白天睡覺）甚至醫生護士因工作需要，亦常違反人體生理時鐘，以醫學觀點，這都是不健康的作息。

規律的生活必可益生養命，只是以上舉例，以現代人養生的論點，尚有適當的運動、均衡的營養、好的新陳代謝、保持好心情、說來人人都懂，做到卻不容易。這就是有人健康長壽，有人體弱多病的分野。為求老來健康快樂，規律的生活是一輩子要遵行的。

二〇一四、七、二

188 人生像鉛筆

參加多次喜宴上，每遇到昔日研究班的學官向我敬酒，那是二十幾年前的師生緣，我總好奇地反問，記得我上什麼課？什麼內容？許多人都回說：上的是思想課程，內容是聽了我講許多有哲理的小故事，印象很深刻。看來理論的東西很容易忘，小故事大道理，讓他們很受用。提供兩則分享：

其一：人生彷如鉛筆長

人的一生長短，好比一隻鉛筆，從小及長都要愛惜它、珍惜它，要慢慢使用。不良的生活嗜好，如吸煙、酗酒、吃檳榔等有害身心健康飲食，不好的生活習性如熬夜、縱慾過度，透支體力加上過量運動，都是自己削短您的鉛筆，結交不好的損友，會幫您養成不良的嗜好，如吸毒間接幫您削短鉛筆，二、三十年前並未有公共場所戒煙規定，學官下課抽煙，我會以：「您正在削鉛筆」提醒，果然奏效。您人生如何善用鉛筆，操之於自己。

其二：人不可鋒芒太露

在學習的任何環境中，不要刻意去爭第一，尤其在受訓的班次裡（指參教育的研究所、研究班、國防大學指參學院、戰爭學院），因前三名有優先佔缺，有相對的利害關係，必然會很競爭，甚至有公平正義等衍生問題，是非謠言在所難免。在職場也一樣，表現太好、太突出的人，比較容易遭嫉，就如同太早冒出的竹筍，大清早就被農人挖除，如果等待太陽出來，農人離去，就有機會成長一株竹子，太早冒出的竹筍，是永遠長不成竹子，這是很明白的道理。

中國人做人處事以中庸之道期勉，不無道理，凡事強出頭，往往遭來禍害，古今中外歷史多少人物，為爭名利、為爭寵愛，小者身敗名裂，大者喪生者有之，可見中庸之道最可貴。

二〇一四、七、五

189 年老的現象

生老病死是人生必然的宿命，人生自古誰無死，上至帝王，下至庶民，無一倖免，生前富貴，死後百年，全被拋在人們腦後，除非功成名就，在歷史上留下英名，凡人；又有幾人能及。有生之年，應看淡名利，才能安享晚年，否則憂惱一生，不能快樂，也不得幸福。

有感於年老之後，生理機能逐漸退化，看到許多年老現象，如耳不聰、目不明（視茫茫）、齒牙動搖、記性減退（老年失智），晚年為疾病所苦，要活在；失去尊嚴的日子，需要子女、看護照顧，這種無奈的痛苦，是生命的折磨，要活得自在、安詳，首先要有，老而健的身體。先決要件是，從年輕就要奠定良好的健康基礎。

一般來說，良好的生活習性、均衡的營養、適當的運動、好的新陳代謝、保有愉快的心情，是養生必修學分，這些耳熟能詳的座右銘，如果您都能做到，老來的生活就可免除以上的痛苦。所幸拜醫學之賜，耳聾有助聽器、眼花可以雷射矯正、牙齒可人工植牙，彌補老化缺陷。耳聰、目明、都可預期。

老人的定義，一般來講；進入老年的人生理上會表現出新陳代謝放緩、抵抗力下降、生理機能下降等特徵。頭髮、眉毛、鬍鬚變得花白，也是老年人最明顯的特徵之一。摘錄一則順口溜：用臺語唸「站咧無元氣，坐咧就哈戲，倒到困抹去，食飽多放屁，無食愛生氣，見講講過去，現講現忘記，出門無地去，要死無勇氣，祇好活下去」。這則順口溜，說得很傳神。

二〇一四、七、六

人体生理時鐘如下網址：

http://gfcci00.blogspot.tw/2014/06/blog-post_835.html

190 姐弟情深——常相聚

我們姐弟妹成家後，先後都來到臺北，這應因緣於大姐民國五十二年結婚定居臺北，接著我於民國六十二年回到北投母校復興崗服務，六十四年結婚（比姐姐晚了十二年）也居住在台北，大弟、大妹、二妹、小妹、小弟，先後也來到臺北，後來成家、工作都在北部，父親六十歲警界提前退休，為了大家相聚方便見面，也移居臺北。可惜六十六歲就離開我們。

大姐從初中畢業後就代母職（母早逝），婚後五十年來，仍一直訶護照顧我們弟妹，大至終身大事，小至一切生活，隨時關心、事事過問，弟妹們都做到了對大姐的尊重：「凡事以大姐意見為重」。他看著我們成長，也看到我們下一代成家，如今最小的弟妹都超過五十歲，雖然大姐只大我三歲，在長幼有序的倫常中，我們都做到了「敬愛尊重」。欣逢大姐二媳愛蓮弟妹趁暑假帶兩位女兒從美國回來探親，今午全部弟妹都到齊，我們聚餐於天仁喫茶趣（中山店），歡樂笑聲中分別照了一些生活照，分享好友。大弟使用當年單眼相機（裝軟片）拍照，年輕的服務生都沒見過（現在人人使用數位相機），科技進步快速下，傳統相機都被取代。

二〇一四、七、七

191
利弊相對性

進入七月暑氣逼人，這兩天各地氣溫高達三十六度，讓人無法在太陽底下佇足，紫外線對眼睛皮膚的無形傷害是有後遺症，本來拗黑的我，夏天戶外日曬，感光比別人強，一曬就會更黑，形容女生一百遮百醜，男生也不例外，我怕日曬為此因。

凡事利弊是相對的，這兩天受到今年第八號「浣熊颱風」外圍氣流影響，下了些陣雨，感覺清涼，酷熱炎暑與涼風清爽是強烈的對比，台灣夏天多颱，會帶來農作物很大損害，但也相對帶來充沛的雨量，過與不及都帶來禍害。日常生活所見，凡事有利必有弊，多數人只看到利，未見到弊，其實萬事萬物的得失、消長是必然的相對，您兩者都要概括承受，心裡才會坦然。我很喜歡老子《道德經》裡一句話：「禍兮福之所倚，福兮禍之所伏。」意思是說禍與福互相依存，可以互相轉化。禍是造成福的前提，而福又含有禍的因素。好事和壞事是可以互相轉化的，在一定的條件下，福就會變成禍，禍也能變成福，福與禍相互依存，互相轉化。其實壞事可以引出好的結果，好事也可以引出壞的結果。常說危機就是轉機，逆境之後可以轉成順境，雨過就會天晴、黎明之前是黑暗。

明白禍與福相輔相成的道理，在人生的健康、財富、時間的管理上，您會有另類的思維，顧此失彼是件正常的事，以塞翁失馬的故事，比喻一時雖然受到損失，也許反而因此能得到好處。壞事在一定條件下可以變為好事。人生相對的事物何其多，長短、高矮、胖瘦、美醜、貧富、貴賤等等，以平常心對待，以隨順因緣看待，一切就能安身立命。您以為呢？

二〇一四、七、九

192 旅遊心情

緣起：六月七日參加母校校友會於三軍軍官俱樂部，遠從高雄前來的勝隆同學，拉著華淼會長與我到餐廳商議，稱七月中旬前正是金煌芒果盛產期，如能組團南下一遊，當可品嚐美味的芒果，每人並贈送一盒（十斤重）的有機芒果，當下允諾，我即策畫南部之旅，比照去年底模式，我有信心，樂觀其成。

即找到經常辦理臺大退聯會旅遊的俐華小姐，很快地為我們規劃此次板陶窯藝術村——走馬瀨農場——四草湖兩日遊行程。我請華淼會長任領隊，以士林舞蹈班同學為優先，並以網路 E-mail 及 Line 傳遞旅遊日程，再電話邀請臺北十四期同學，多管道的信息發送之後，很快就有三十多人的報名，我是召集人，利用學舞的人脈，分別邀請到士林社大、東湖活動中心、中山市場及士林公民會館等舞班同學加上鄰居等，很快就邀集志同道合的好友四十二人參加，結果是陰盛陽衰，女多於男。真要感謝大家熱烈的共襄盛舉。旅遊心情是：到過的地方，同不一樣的人同遊，感覺是不同，不在意好不好玩，也不在意舊地重遊，重要的是與喜歡的朋友一起出遊，快樂心情最重要，您同意吧！

本文不談旅遊各景點及行程，只談同學的熱絡，讓全體參與友人讚嘆感動，其一、第一天晚宿走馬瀨農場，勝隆賢伉儷從高雄驅車，為我們送來每人一盒六龜特產有機的金煌芒果（重達十餘斤），並與大家會餐同樂。其二、第二天中午我們在臺南永康用餐，崇光與明祥同學得知，攜帶兩箱啤酒前來助興，酷暑大家喝著冰啤酒，同學的交情可見一斑。同遊的友人羨慕之餘，我們告知這是：四年軍校朝夕生活與學習的機緣，也是革命情感的深厚情誼。值得一提的是，安排此趟一遊，讓兩位美術系學妹見到闊別五十年的學姐，長松兄也是五十年後第一次見到同班四年的勝隆同學。誠為難得！

二〇一四、七、一二

2014.07.10～11 同學南下二日遊照片（歡迎點閱健群行腳相簿）

193 重遊梅峰農場

三年前（民國一〇〇年七月）與臺大退聯會同仁，遊梅峰農場，很巧，今年此時我們再度重遊，風光景色依舊，只是一位婁將軍已到另外遠方世界，大家不勝感慨，我們曾經同遊多次，大家都很熟絡，友人離世，未免感傷，可要好好珍惜生命當下每天的快樂，願以共勉。

海拔兩千一百公尺高的梅峰，是臺大農學院附設教學農場，長期以來，致力於深耕教學研究，來此一遊，除了避暑（比平地氣溫低十二度），感覺涼爽，還真是度假休閒好地方。此地有專業導覽人員，帶領大家森林走訪探索，有自然生態說明、夜間觀星、認識昆蟲、晨起賞鳥、高山農業示範、農產經營介紹參觀、水蜜桃園區開放參觀、高冷蔬菜栽植示範、等等都是梅峰農場的特色。遊客每天限額二百人，是農場管制下，對自然環境生態的保護，可見農場用心良苦，舉辦兩天一夜森林 GO GO 是臺大山地實驗農場梅峰自然生態体體驗營，暑期是吸引年輕學子最熱門的活動，他們是為生活學習而來，我們是為旅遊度假而來，兩種不同心情，卻都能享受自然生態之美。

以度假的心情，感受清新的空氣，負離子清涼透心肺，忍不住要多作幾次深呼吸，晨起四點多天未亮，拍山景、拍晨景、拍日出，大清晨六點，我們跟隨著解說員賞鳥，攜帶八倍大望眼鏡，眺望樹梢小鳥，解說員對照圖畫為大家介紹，說第一級保育是瀕臨絕種，第二級保育是珍貴稀少，第三級保育是應予保育，看到許多不知名的花草花卉、果樹，才知道自已孤陋寡聞，天地之大，耗費一生一世，豈能認識知道多少？短短一整天的停留，夜深人靜，蟲鳴鳥叫，彷如世外桃源，一年四季有不同的變化，尤其花草樹木樹葉，加上蔬菜水果，都有不一樣的美，令人嚮往，值得一遊。

二〇一四、七、一八

194
藝術要靠天分

偶然的機緣，與學美術的學妹聊天，他說學藝術要七分天分，三分努力；文學恰恰相反，要有七分努力，三分天分；而從政更是奇妙的組合，機運要七分，努力與天分只有三分，我認為機運、努力與天份都很重要。這裡所說藝術只指狹義的繪畫與音樂。

什麼是天分，與生俱有的潛能，從小就能被發掘的能力，通常表現在音樂才華，藝術創作，或舞蹈表演上，有了天分，加上後天的學習，成就是事半功倍。天分有如頂上天花板，天花板有多高，就有多高的努力空間，反之，頭已頂到天花板，後天努力就枉然，可見努力也有極限。但文學不然，一分努力必然有一分收穫，勤寫勤讀必有成就，要成為大文豪，也許要努力加上潛能裡有較多的天分。大家都明白，政治是管理眾人之事，人上百形形色色，如何從政，有良好的人際關係、能言善道、群眾魅力、加上金錢財富，這些內在、外在、有形、無形的條件組合，才能出類拔翠，獲取人民向心，爭取選票，君不見民意代表，個個有名、有利、有地位、有權貴，這不是一般人所能之，本文不談。

天分是潛能，有人一輩子沒有被發現，也未被自己開發，埋沒了很可惜，許多殘疾者，沒有手卻成就了腳，看不見，而成就了更敏銳的聽覺能力，沒有手腳的人，可以游泳，可以爬行，應驗了聖經勉勵眾人的話：上帝關上這扇門，為您開啓另一扇窗，您如何去尋找另外更多的窗口，這就是智慧。「天生我才」必有用，都再再說天無絕人之路，當然特殊的天分，非人人有之，但勤能補拙，是事實，別人練五次，您加倍練習十次，一樣有成就，我必須承認音樂、藝術是要從小有環境與興趣為前提，才能培養出，異於常人的成就，好與壞，會與不會是有很大的落差。古人說：「書到用時方恨少」，又說：「書到今生讀已遲」，前者意謂努力不夠，後者告訴您，許多天分是累世所種的因果，從第八意識「阿賴耶識」中呈現，可見天分是與生俱來的。

二〇一四、七、二〇

195 另類行業——專業修指甲／教學

日前經友人介紹並陪同到淡水，來到一家庭式的修指甲店，生平第一次為自己腳指甲美容，原以為這是女子的專利，瞭解後才知道，有許多人前來，事先還要電話預約，美容指甲師說，每天平均有十幾位，對象男女都有，婦女較多，一些年紀大的人，彎腰不易，只好花錢求助專業，就像理髮，只是不很普遍。

好奇心驅使下，我請教師傅，美容指甲的緣起，婦人說六十年代，他十四歲國小畢業，父母要他學會一技之長，他跟隨師傅，簽了三年半的學徒約，每天供應餐食，每月還可以領到六十元零用錢，民國五十幾年學成後，就在家裏客廳做起修指甲美容行業，早期以酒家女、舞女、風月場所女子為多，後來逐漸普及，隨著經濟成長，愈來更多的人開始美指，他不知不覺做了五十年，再過幾年他要退休，女兒亦學會修甲去角質皮的專長，自己也開業。想到一技之長，養家又不求人，那個年代是想也想不到的。

時代在變、潮流在變、時空在變、價值觀也在變，當年不起眼的行業，如今很夯，十年河東轉河西，這是風水輪流轉，修腳指甲三百元、手指甲一百五十元，在家客廳就可以營業，每月收入至少有七、八萬元，雖然辛苦，在目前一事難求的社會，亦是另類的行業，您說是嗎？

二〇一四、七、二一

196 我家寵物——「球球」

兒女從小要求養寵物，我們以公寓不宜為由拒絕，女兒後來養筆鼠，因尿騷味重作罷，改養了一陣子小鳥，終不忍見其死，也放棄。約八年前，與內人國外旅遊回來，發現家裏多了一隻貴賓小狗，兒子說是友人送他的生日禮物，就這樣我們家中多了一隻寵物，大家討論後取名叫牠為「球球」。如今已八年多。

貓狗寵物是近一、二十年來許多家庭的最愛，養在公寓是有很多的不便，如活動空間有限，狗吠聲吵到鄰居，在屋內大小便，家中有尿騷味等，友人來訪，跟前隨後，遇到怕狗的朋友，得將狗栓住，既養牠則忍受這些困擾，雖然如此，但活潑可愛、調皮逗趣、討人喜歡，是家人的開心果，兒女白天上班，前五年都是我居家的伙伴，內人退休三年多了一人照顧，日久生情，牠早已成為家中一分子，當我們出門時，孤獨看家，覺得牠很寂寞，當我們分別回家，必熱情跳躍歡迎，覺得很溫馨，這是牠可愛的地方。

當初答應養牠條件是，一切花費由子女兩人分攤，狗飼料、醫療、美容、都是一筆開銷，獸醫已成為時下最夯的行業，狗定期打防疫針，看病無健保，索費比人還要貴，又不能討價還價，養牠得照顧地一生的生老病死，都是經常的花費，附帶的狗玩具、保健品等也是過去想不到的開銷，為了牠的健康，只餵食狗飼料，我們吃的食物一律不適合，以不食人間煙火來形容不為過。養狗甘苦參半，每週送走牠做美容，不在家時，家中缺少牠，一時會感到有些許落寞呢？這就是有說不上的那種感覺。公狗發情，會對著路過的母狗狂吠，牠的嗅覺是很靈的，打開窗外，果然有母狗經過，同情憐憫至今牠仍是處男呢？

二〇一四、七、二三

197 學經歷之外…

新進研究班學官上課時，我必先恭賀他們，在競爭的考試中能錄取，具備指參教育，今後都有機會晉昇上校以上資格，但昇上校是科學化，1＋1＝2，而晉昇將軍是藝術化，1＋1 大於 2 或 3.4.5.6……解釋之後，他們就瞭解，原來藝術化是要有天分與機運，加上個性有密切關係。

什麼是科學化，就是努力就可以得到的，求真、求善、求美，都要靠努，1＋1 必等於 2，但藝術化除了努力之外，要加上有些機運，這個機運廣義說是：您除了工作表現出色，還要跟對長官，還要有長官賞識您，而那位長官有朝一日，有能力推荐您，助您一臂之力，既使在人評會中美言幾句，往往是關鍵，。另外您的為人處事都要學會圓融，不可輕易得罪人，套句俗化要當「爛好人」，也許聽來許多人的個性就不適合，那您就做不到迎逢甚至拍馬，長官不會記得您，聽說有人記得長官生日，過年過節常到長官家走動，留給長官印象深刻，有機會長官就會記得您、想到您，討喜長官也是藝術化，我一位同學是靠工作表現贏得長官信任，關鍵時刻，他又有能力說上話，升了將軍之後，他感激之餘，坦誠說沒有這位長官，就沒有機會。有些人機運不好，關鍵時刻，可以提拔您的長官調離或退休，就差臨門一腳，就失去機會，這個叫官運。其實同學，論能力大家都差不多，有人升官，有人限齡限年退伍，問題是您在藝術化略遜於人，有人說那是福報，是命也，不計較這些您會活得自在快樂，退休之後大家都一樣，誰快樂、誰健康才是贏家。

學經歷都很重要，更重要的是人脈人際關係，加上正確的思維。因此才有人如此一比：學歷是銅牌、能力是銀牌、人脈是金牌、正確的思維才是王牌。我非常認同這句話，為何別人成就比您多、比您大，仔細思量這些話，必有道理。

二〇一四、七、二三

198 得與失都是相對有感

幾位軍校同學服滿十年役，就轉入軍訓教官，開始過著安定的上下班生活，而大部分的同學正在歷練部隊經歷，本島外島輪調，生活不安定，同樣都是軍人，卻有天壤之別的甘苦。前者錢多、事少、離家近，後者野戰部隊生活不安定，常演習行軍，倍極辛苦，有些人怕吃苦，十年後就報退，業科系有其專長，大多數轉行到教育界，當音樂、體育、美術老師有之，有兩位同學當了高中校長、大學教授十幾位，朝著不同領域發展，人人闖出一片天，這就是眼前的得與失對比。我運氣比較好，四年部隊生活即回母校服務，前後二十幾年，後來轉臺大主任教官。都是在安定的環境工作，升到上校十二級退伍，是得亦是失。

我常說不要在意眼前的得與失，或許先得後失，先失後得，只是要很多年之後才明白，原來上天很公平，最後總結都是等於零，因為得失也是因果。生活中得失、捨得、吃虧佔便宜，看似矛盾，其實不然，喜歡打麻將的朋友，輸輸贏贏是兵家常事，贏一陣子必輸一陣子，有記帳的人總結一年的成果，竟然勝負相差無幾。可見許多事情不必太計較眼前，往後才知道得失是相對的。前段談同學轉軍訓教官的舒適、安定、上下班加上待遇好，而部隊的同學，辛苦、不安定、天天與官兵生活一起，不能上下班、待遇沒他們好，眼前的得失利弊分明，但前者失去較多升遷的時機，後者辛苦的代價是一路按部就班升遷，一些表現受到學校肯定的教官，屆齡退休尚年輕，學校續聘留校擔任重職，官沒升到，工作延續，未嘗不是另一種得，之故眼前的得失，到頭來是失得，應驗得失是相對。

以上只就工作的安逸論得失，看到的差別，我以個人所體會的得失做總結：羨慕許多同學轉到軍訓界服務時，其實我比部隊的同學幸運，在自己母校擔任隊職，安定、單純，後來轉教職，教學相長之餘，有機會到師大進修，因為授課時數少，有更多的機會參加活動，而認識許許多多不同行業的友人，退休以後成為好朋友，這無形的人際關係，是得之不易的人脈，失去升官，得識朋友，真正享受的是得比失還多。

二〇一四、七、二四

199 空難的省思

一架載有二九八人的馬航 MH17 客機，在本月十七日，當地時間十二時十五分自荷蘭阿姆斯特丹起飛，原預計於馬來西亞當地時間六時十分抵達吉隆坡。不料客機經過烏克蘭東部頓內次克州（Donetsk）上空時，遭到飛彈擊落，機上二九八人全數罹難。不到七天後，復興航空高雄飛馬公 GE222 班機，七月二十三日傍晚在澎湖縣湖西鄉西溪村緊急迫降失敗墜毀，造成多人四十八人罹難，十人輕重傷；失事現場一片狼藉，不但波及民宅，也壓毀了轎車。在漫長的飛行旅途中，飛機在起飛與降落階段因為天候、地形與航班起飛降落的失誤，造成此次空難。阿爾及利亞航空公司二十四日表示，自家一架飛機在起飛後近一小時失去聯繫，這架飛機今天自布吉納法索起飛，目的地是阿爾及利亞首都阿爾及爾（Algiers），機上一一六人中，有五十一名法國人，二十六名布吉納法索人，應是凶多吉少。這是最近一週內，國內外三起悲劇，有人為因素，有天候（因為麥德姆颳風）影全球各地，每日飛機起降何止成百上千次，飛安比路上行走更為安全，可是天下事不怕一萬，只怕萬一，正如達賴喇嘛的名言：「誰知道意外與明天，何者先來？」我們出國搭乘飛機，必辦旅遊平安保險，國內一兩天的旅遊亦不能少，都是買個心安，萬一有事，可以補助醫療費，又有誰願意碰上？天災人禍是無常，以有限的生命，賭上無常的變異，死亡就是悲劇。開玩笑話，遇上空難是善終，也是另類福報，只是家人的不捨與哀痛，是很難平撫，此說是有因，死得快，不必喪葬，與大自然為棺、與大地同在，又可留下一筆數千萬元的保險金，是有福氣的人才能碰上，有人年老體弱，故意經常搭乘飛機旅遊，每次平安回來，您說遇上空難或然率有多低，福報、災難不是可以強求，也不是可以避禍的，佛陀先知告訴弟子，我們要修得「離苦得樂」那是一輩子的功課呀。

本文不探討空難因由，感慨事發之後，幾家歡樂幾家愁，搭不上失事飛機的幸運旅客，免於死難，不該搭上卻上機的旅客，卻躲不了災難，這豈不是時也、命也。冥冥中天註定，不怨天、不尤人，該來的躲不掉，不該來的避得了，一切隨緣，這就是每一個人的機運。無法解釋的因緣果報？

二〇一四、七、二五

200 採買心得分享

退休後，當了將近二十年的家庭主夫，慢慢學會買菜、學會做菜，買什麼菜，怎麼做菜，都是學問，買魚肉，要選魚（新鮮）最重要、買肉要選好部位，價錢比較貴，因數量不多，貴也有限，季節性的蔬果比較好吃又便宜，進口蔬果比較貴，但喜歡最重要。

買菜要比價、要問斤兩多少錢，貨比三家不吃虧，不擅討價還價，往往會買到較貴的魚肉蔬果，本著吃虧就佔便宜心態，自我安慰就不在意。其實賣蔬果者，因賺小錢，零錢必斤斤計較，買菜的零頭不能少，幾塊錢當小費反而多了幾聲感謝，買賣兩相歡，買雞鴨魚肉，因價錢較貴，零頭就會少算，如兩百六十五元可能只拿兩百五十元或兩百六十元，超商統一價，少了這份討價還價的困擾，比較不易受騙，但也少了傳統市場的人情味。菜買多了，順便請教如何做？學到許多做菜經驗。學到如何買紅肉？豬羊肉有別，如何買蛋？愈小愈好，問何因？年輕母雞生的蛋較健康有營養。這是賣了三、四十年的蛋商告訴我，不恥下問得到的經驗，是我寶貴知識的來源，且與日俱增。許多事情知道太多就會猶疑不前，常言「不乾不淨吃了沒病」，看了太多食品加工後，很多食物都不能吃，比如有些自助餐內的蔬菜，是泡水就撈起來，知情後您敢吃嗎？外食方便，餐廳生意興隆，生意人良心道德何其重要。一些加工後的食品，如肉鬆、肉脯、肉乾、香腸，滷肉、醃製食物，眼不見為淨，都要接受，都得承受，食安檢查認證。但地方負責官員，那有時間檢查。產生食品的安全，把關真的很重要。小市民又能奈何，只好慎選品牌，不貪小便宜，就不容易上當。聽說一些絞肉，是不新鮮或不好部位肉品混合而成，當它包了水餃，或加料做成很香的滷肉飯，您是吃不出好壞的，說來還是生意人的道德良心最重要。吃或不吃操之在我，為了家人的健康，家庭主夫（婦），採買把關很重要。

二〇一四、七、二六

201 有願就有力

常說：人要有努力的方向和目標，才能釐訂步驟勇往直前，就像每天要寫一篇報紙社論的人，終年累月每日有文稿，這種恆心毅力來自責任。就像我月底前要完稿隨筆兩百篇付印，尚有九篇，讓我連寫九天，「有願就有力」。動力來自願景目標，心想事成，我做到了。三年前，每週寫一篇文章，我也做到了。

可見事在人為，當年心血來潮，興趣使然，每週一篇文章，三年來持續的成果，因緣和合，剛巧趕在入伍伍十週年的同學會上，與「復興崗五十七年班同學小傳」一起出刊。半世紀的同學之誼，是革命的情感，那是比一般文學校大學同學，還要超越的交情。原因是四年中，朝夕生活、學習、訓練、甘苦、成長在一起。

人生不長，三萬多個日子，平均要活到八十二歲，如今同學已近七十，想想十來年的人生，活到九十幾，也才二十多年，念此，您會更加愛惜生命，同學畢業三百多位，已有六分之一者往生，人生的折損是無常，又豈只是生病而已，意外事故在生活中，從不被排除，這就是生命的變數，要珍惜晚年（老年）的生命，活得自在安樂，活著就是有福氣，應該珍惜，不要因為別人的一句話，而奪走您今天的快樂。忘掉不愉快的事、不愉快的人，平常心對待周遭的人與事，這就是修心養性。難乎？

二〇一四、七、二七

202 憶父親二、三事

眼間，父親離開我們已二十七年，民國七十年父親自警界退休，一生工作奉獻基層，以派出所巡佐主管離開職場，忙碌的外勤工作，整整卅幾年。退休後姐弟妹建議父親搬到臺北，可以常見面，父親順我們之意，即刻移居臺北。但由於人地生疏，缺少昔日朋友，落寞寡歡，雖然我們姐弟妹都在臺北，平日都各忙上班，只有假日可以陪伴，也許是習慣昔日繁忙的事物，退下來太清閒，無法調適，六十六歲那年，走完人生旅程，實在太年輕，未能享受晚年的清福，親友都為他不捨。他最津津樂道的是，退休後姐姐與大妹曾陪他到日本一遊，父親常津津樂道，留下美好深刻印象。

父親於日治時代，讀完高等科，臺灣光復前還教了幾年書，日語很流利，光復後，於民國三十六年考取警察學校，畢業分發到花蓮玉里派出所服務，因家鄉還有年邁母親，幾次請調回臺南不成，遂於三十八年請辭，回到故鄉經商，個性與趣不適，遂於民國四十年申請復職，重新被分發二重溪派出所服務，小學一、二年級我在二溪國小就讀，小學三年級，轉學到麻豆，讀完高中畢業，父親一直在麻豆服務，前後長達三十年。以子女旁觀憶父親二、三事述說如下：

其一、人緣好、擅於講笑話：每到新單位，與地方里村長，必很快建立良好的人脈，以利工作推展。親友聚會，帶動大家歡樂氣氛，講理評理很受尊重，母親在外祖父所生五位阿姨六位舅舅大家族中，排行最年長，父親回娘家，晚輩都以尊長敬之，任何家務事，父親一言九鼎，說話有權威，幾位舅舅必聽從，晚輩的終身大事，都要前來請教父親的意見。印象深刻的是父親很幽默，擅長說笑，有他現身的場合，必都帶來歡笑。常在我們面前讚美母親的賢慧能幹，可惜母親四十歲英年早逝，父親後來很快續弦，為了有人照顧年幼的弟妹。

其二、酒量好、是划拳高手：地方上婚喜宴、廟會拜拜常有筵席，身為基層員警，又是派出所主管，每宴必到，幾十年訓練好酒量，鄉里流行划拳，成為個中高手，這是因為工作環境使然，事後耳聞，在麻豆鄉里，父親海量是出了名，自創幾種拳術，易學又實惠，廣受歡迎，至今口耳相傳，大家都知道，是父親當年創新發明的。酒量與划拳方面，家弟得到父親的真傳。

其三、嘆清官、難斷家務事：父親經常為鄉民排除糾紛、家庭失和、子女管教、交通車禍等民事，通常都能和氣化解，尤其夫婦爭吵，為他們雙方開導，說理言教，回到家中與繼母有時無法溝通時，感嘆平時為鄉民解決家務，卻難斷家務事，家裡不是可以講理的地方，這是溝通的難處，當時我亦不能理解，夫妻吵架都有道理，孰是孰非永遠說不清。父親的感嘆不無道理。

最近父親常在夢中出現，彷彿在世的場景歷歷，讓思念之情油然而生，轉眼離別已近卅年，但父親言行舉止一直是兒女典範，如果要說有什缺點，常因盛情而喝過多酒，加上抽煙的嗜好，此兩點成為我一生的借鏡。父親身為人子孝順（事奉祖母晚年湯藥）、身為人父盡責，非常愛護我們子女，對上以敬，對下以慈，對人以和，對事以真，他一生都做到了。父親我們以您為榮。高興我的隨筆中，能談談父親，留下思念的追憶。

二〇一四、七、二八